Heike Führ wurde 1962 in Mainz geboren, ist verheiratet und hat 2 erwachsene Kinder - seit fast 5 Jahren lebt Seelenhund Smiley bei ihr und ihrem Mann.

Sie ist seit 1994 an Multiple Sklerose erkrankt und führt zur Information darüber eine Webseite, sowie eine gleichnamige sehr lebendig laufende Facebook-Seite. Sie ist mittlerweile eine routinierte Bloggerin und arbeitet für mehrere Projekte.

Sie hat bereits 16 MS-Begleitbücher, 2 Kinderbücher, ein „Glücks-Buch" und ein „Freundschafts-Buch", sowie Kochbücher, u.a. „LOW CARB für UNTERWEGS" geschrieben.

Heike Führ ist ausgebildete Erzieherin mit vielen pädagogischen und psychologischen Fort- und Weiterbildungen mit dem Schwerpunkt „Pädagogische Psychologie". Sie belegte auch mehrere Kurse für „Yoga mit Kindern". Diese intensive Zeit und ihr pädagogisches Wissen prägen auch ihr Schreiben.

http://multiple-arts.com/

http://heikef.jimdo.com

Dieses Buch ist Anja gewidmet!

Danke für ALLES -

und dafür, dass Du den Anstoß und viele Ideen

für dieses Buch hattest und es bis zum Schluss begleitet hast!

Heike Führ

Hilfe Annehmen lernen
Abgrenzen & NEIN-Sagen

– So macht uns unsere Schwäche stark

Umgang mit chronischen Erkrankungen

> Hilfe Annehmen lernen

Abgrenzen & NEIN-Sagen lernen

– So macht uns unsere Schwäche stark<

© 2018 Heike Führ

Originalausgabe März 2018

© 2018 Herstellung und Verlag:

BoD – Books on Demand, Norderstedt

ISBN: 9783746088440

© 2018 Satz, Layout: Heike Führ

Cover-Foto: Heike Führ

ISBN: 9783746088440

Bibliografische Information der Deutschen Nationalbibliothek: Die Deutsche Nationalbibliothek verzeichnet diese Publikation in der Deutschen Nationalbibliografie; detaillierte bibliografische Daten sind im Internet über http://dnb.de abrufbar. Printed in Germany

INHALTSVERZEICHNIS

Das Leben geht weiter ...

Sogar mit einer chronischen Erkrankung!

Es wird zwar zu einem Teufelskreis und dem „Da musst Du halt durch!", aber eines Tages schaust Du durch all den Nebel der Ungewissheit, der Schmerzen und Entbehrungen mit erhobenem Haupt auf –

auch wenn Du realisierst, dass Du noch nichts von den großen Dingen in Angriff nehmen konntest,
die Du vorhattest.

Aber, das ist ok –

gebe Dich nicht geschlagen,

denn Dein Leben ist trotzdem schön und wertvoll!

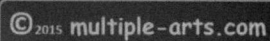

Auch selbst dann, wenn es nicht das Leben ist, das Du wolltest;
selbst wenn es mit Fatigue und vielen Beeinträchtigungen verbunden ist –

Es ist DEIN Leben –
Du lebst es nun angepasst und trotzdem lebendig.

Hinweis

Für dieses Buch wurde sehr sorgfältig recherchiert – allerdings ist es kein wissenschaftliches Fach- oder Lehrbuch. Alle angegebenen Informationen wurden nach bestem Wissen und Gewissen zusammengetragen und weitergegeben.

Das Buch und seine Inhalte sollen dem Leser dazu verhelfen, eine Hilfe zur Selbsthilfe zu finden und eigenverantwortlich den eigenen Erfahrungshorizont zu erleben und zu erweitern. Es stellt trotz der ausführlichen Hintergrundinformationen immer nur eine Orientierungshilfe dar und kann niemals den Besuch eines Arztes ersetzen, wenn man professionelle Hilfe benötigt.

VORWORT

Liebe Leser,

es begegnet uns täglich – dieses Wechselbad der Gefühle und die immerwährende Frage: Möchte und kann ich Hilfe annehmen, wie viel kann ich anderen zumuten und wie steht es mit meiner eigenen Autonomie (Selbstständigkeit), wenn ich Hilfe annehme - und wie kann ich lernen, „NEIN" zu sagen?

Mir geht es in diesem Buch um das Bewusstwerden unserer Stärken und Schwächen, um das Lernen der sinnvollen Abgrenzung und darum, dass wir üben können, Hilfe würdevoll anzunehmen und sie ebenso selbstverständlich zu geben vermögen. Im Falle einer chronischen Erkrankung oder anderer schwerer Lebensumstände geht es mir um das Hinschauen, was so ein Ereignis mit uns „macht", beziehungsweise wie wir alle im Alltag mit Abgrenzung und einem sinnvollen Umgang mit dem Wörtchen „Nein" umgehen können. Deshalb ist dieses Buch sowohl für gesunde bewusst lebende Menschen als auch für chronisch Kranke gedacht.

Da ich selbst seit 1994 an Multipler Sklerose (MS) erkrankt bin, werde ich diese Krankheit oft als „Beispiel" nehmen, aber prinzipiell sind meine Erfahrungen einfach Erkenntnisse, die für jeden Menschen umsetzbar sind – aber auch für jede andere chronische Krankheit, wie Fibromyalgie, Depressionen, Rheuma und so weiter.

Ich schreibe ja seit einigen Jahren einen MS-Blog, dem auch viele Nicht-Betroffene und unterschiedlich chronisch Kranke folgen, weil das, was wir im Alltag erleben – vor allem mit den unsichtbaren Symptomen – sich doch sehr gleicht. Also fühlen Sie sich frei, das Wörtchen „MS" mit dem Begriff Ihrer Erkrankung oder Lebensumstände zu ersetzen.

Das Buch richtet sich an alle Menschen, die sich Gedanken um das Annehmen von Hilfe machen und an Betroffene einer chronischen Erkrankung, sowie an deren Partner, Familien, Freunde, Kollegen. (Als „Angehörige" in Folge zusammengefasst).

Denn der Umgang mit einer Erkrankung/einem Lebensumstand betrifft niemals den Erkrankten alleine, sondern immer auch sein Umfeld mit. Das sollte niemals bei dem Gesamtpaket „(Krankheits)-Bewältigung" vergessen werden. Angehörige leiden genauso unter den veränderten Umständen, manchmal sogar noch mehr!

Ich wünsche mir, dass Sie dieses Büchlein gemeinsam mit Ihren nächsten Angehörigen lesen können, darüber sprechen und es Ihren anderen Angehörigen auch mal ausleihen oder schenken (oder auch etwas herauskopieren). Beziehungsgeflechte wollen gelebt werden - das heißt, sie möchten kommuniziert werden. Und wir können nur so einen liebevollen Umgang auf Augenhöhe miteinander praktizieren, oder über unsere Krankheiten aufklären, wenn wir aktiv werden - wenn wir die Initiative ergreifen und auf Menschen zugehen. Deshalb schreibe ich ja auch meinen Blog, die Texte und Bücher: Nur durch Aufklärung kommen wir weiter und zu einem zufriedeneren Leben.

Denn nichts ist schlimmer, als unerfüllte Erwartungen zusätzlich zur Erkrankung aushalten zu müssen, sich selbst unter Druck zu setzen und mit Angehörigen einen „Eiertanz" der Gefühle absolvieren zu müssen. Das ist negative Energie und belastet uns - und unsere Angehörigen - erst recht!

Das bedeutet aber auch, dass wir mit uns selbst ins „Gericht" gehen müssen, dass wir die Bereitschaft haben sollten, uns gut zu reflektieren, sowie unsere eigenen Wünsche und Erwartungen wahrzunehmen und zu sortieren.

Die Krux beim Helfen und Hilfe-Annehmen ist ja auch, dass sich oft beide Parteien unsicher sind. Wenn dann der Betroffene womöglich ein liebes Hilfsangebot noch ablehnt, weil er meint es alleine zu schaffen, löst das natürlich auf beiden Seiten Emotionen aus.... Denn häufig ist es einfach so, dass unser Wunsch, so normal wie möglich leben zu können, auch sehr groß ist. Dann erkennt man das Hilfsangebot natürlich an, aber benötigt es vielleicht gerade nicht. Noch dazu kommt, dass wir ja immer Angst haben, wir könnten den Anderen ausnutzen und lehnen dann vielleicht auch mal vorschnell ab — auch mit der Überlegung, dass wir ihn vielleicht „morgen" dringender gebrauchen könnten.

Viele MS`ler haben mir berichtet, dass sie lieber dann gezielt auf Hilfe zurückgreifen, wenn sie sie dringend benötigen.

Perfekt wäre es natürlich – gerade unter Kollegen – wenn man sich in solch einem Fall klar mitteilt und auch im gegenseitigen Einvernehmen das Ganze situativ entscheidet. Wenn man gestern beispielsweise eine Aufgabe locker erledigen konnte, kann es sein, dass es heute nicht so gut klappt. Es wäre toll, wenn man das dann kurz sagen könnte und der Kollege dann (wertfrei und ohne Drama) einspringt und man selbst etwas anderes übernimmt. Das wäre der perfekte Plan, der natürlich (vor allem auch je nach Beruf) nicht immer umsetzbar ist. Aber ein Versuch wäre es Wert.

Allerdings ist ja auch ein „Kollege" selbst nicht immer fit oder er hat auch schlicht und ergreifend einfach mal „keinen Bock": Auch das ist ok und wird dann angenehm, wenn man offen miteinander umgeht!

Zu dieser Offenheit fällt mir noch ein Beispiel ein. Ich habe eine wundervolle liebe Hundebekanntschaft schon vor Jahren gemacht: Die Hündin ist toll, versteht sich gut mit unserem Smiley und ihr Frauchen ist ebenfalls ein Schatz. In Notfällen hüten wir unsere Hunde auch gegenseitig. Neulich war es so, dass ich ein paar Mal absagen musste, beziehungsweise ihr keine Hilfe anbieten konnte, weil ich wichtige Termine hatte und es mir auch zum Zeitpunkt des einen Termins nicht gut ging. Ich sprach mit ihr darüber und entschuldigte mich dafür, dass ich momentan so oft absagen müsse. Ihre Antwort war ganz liebevoll klar: „Ich finde es toll, dass Du mir immer ehrlich sagst, ob es geht oder nicht. So weiß ich, woran ich bin und habe auch nicht das Gefühl Dich zu überfordern! Bitte behalte das so bei!". Ich muss nicht erklären, wie sehr mir das gut tat und wie sehr mich auch die Einfachheit und Selbstverständlichkeit dieser Aussage berührt hat! Es zeigt einfach, dass sich Offenheit und Ehrlichkeit auszahlt, weil sie dem Anderen auch vermittelt, dass wir uns abgrenzen *können* (auch wenn es uns schwerfällt).

Und wichtig zu wissen ist auch, dass der äußere Schein einfach trügerisch ist. Jemand, der eher stärkere sichtbare Probleme beim Laufen hat und man das auch sieht, ist damit aber vertraut. Das heißt, es ist seine Realität, mit der er mehr oder weniger gut umzugehen gelernt hat (und weil man es selbst eben kennt und sich somit ganz gut einschätzen kann). Man kann sich beispielsweise trotz eines wackeligen Ganges wohl und fit genug fühlen, um gewisse Aufgaben erledigen zu können.

Eine Freundin beschrieb es mir auch so: „Auch wenn es von außen oft schlimmer aussieht, fühlen wir uns meistens trotz des wackeligen Gangbildes wohl. Für Außenstehende sieht es natürlich oft „unrund" aus und sie wollen helfen, aber mit Vielem können und wollen wir natürlich auch selbst fertig werden, weil wir es gewohnt sind und tatsächlich auch zurechtkommen."

MS – ein kleines Wort, 2 Buchstaben und doch stellt es das Leben von Betroffenen und deren Angehörigen auf den Kopf – wie jede andere schwere Diagnose oder harte Lebensumstände ebenfalls.

Also bleibt uns nur die Wahl zwischen aufzugeben und zu resignieren - oder der Krankheit/Situation die Stirn zu bieten.

Ich habe mich für Letzteres entschieden und da Sie dieses Büchlein lesen, haben Sie sich sicherlich auf den gleichen Weg gemacht. ☺

Denn das Leben beinhaltet schlicht Abgrenzungs-Problematiken und Störungen in Bezug auf „Hilfe Annehmen-Können"!

Es wird kein einfacher Weg, weil wir tief in uns gehen müssen; weil wir vielleicht auch einmal in uns „graben" müssen und eventuell Dinge an die Oberfläche kommen, die uns nicht gefallen. Das gleiche Procedere steht uns dann den Angehörigen gegenüber bevor. Es werden

Freundschaften zerbrechen, aber es werden sich auch Beziehungen verfestigen. Auf diese spannende Reise möchte ich Sie mitnehmen und werde dazu, wie in all meinen Büchern, gemischt aus Theorie, Infos, Grafiken und Erfahrungen berichten.

Da mich meine sozialpädagogische Ausbildung sowie unzählige Weiterbildungen mit dem Schwerpunkt auf der **pädagogischen Psychologie** sehr geprägt haben, lasse ich in meinen Büchern gerne auch solche Themen und Infos mit einfließen.

Ich halte es für wichtig, rundum und tiefgreifend informiert zu sein, um allumfassend zu VERSTEHEN! Verstehen bedeutet einen wichtigen Schritt Richtung LERNEN - und schon sind wir auf dem richtigen Weg, der bekanntlich ebenfalls das Ziel ist! ☺

Anmerken möchte ich noch Folgendes: Ich bin ausgebildete Pädagogin, aber ich schreibe als Mensch – mit Erkenntnissen, mit Wissenswertem und vor allem aus Erfahrung, sowie so verständlich wie möglich! :)

Außerdem möchte ich betonen, dass dieses Buch nicht für „Nein-Sager" gedacht ist, denn sie können es bereits oder strapazieren es sogar über. Es ist für jene gedacht, die sich Gedanken machen: Um die eigene Wertschätzung und Selbstfürsorge und die bereit sind, darüber zu sinnieren und an sich zu arbeiten! :)

Ich wünsche mir, dass Sie sich darin wiederfinden können und sich auf den Weg machen - einen Weg zu mehr Offenheit und Transparenz, auf den Weg der Aufklärung und somit auf den Weg der Erleichterung!

Getreu des Mottos: „Der Weg ist das Ziel", möchte ich starten.

Herzliche Grüße,

Heike Führ

Ein Miteinander ohne Füreinander
ist keine Gemeinschaft.

-Stefan Fleischer-

HILFE – was ist das genau?

„Hilf mir, es allein zu tun."

Maria Montessori

Dies ist mein absoluter Lieblingsspruch und gerade in der Erziehung der Kinder war er mir ein guter Wegweiser. Aber er hat auch für Erwachsene seine Gültigkeit, weil „alles" in diesem einen Satz ausgedrückt wird!

Hilfe kann Beratung, Therapie oder andere Unterstützung sein.

Hilfe löst viel Ambivalenz aus: Scheint es doch bis zu einem bestimmten Punkt klar, dass man Unterstützung und Veränderung braucht, wird das plötzlich „unklar", sobald man konkret Hilfe benötigt.

Interessant sind die verschiedenen Formen dieser Unterstützungen: Manchmal verlaufen sie geradezu innig und persönlich, andere helfen uns einfach durch ihr Dasein oder durch kleine Gesten, praktische Hilfen und vielem mehr.

Hilfe anzunehmen fällt oft schwer - Helfen dagegen fällt leichter!

Anderen Menschen zu helfen kann ein unglaublich befriedigendes und nachhaltig wohliges Gefühl hinterlassen. Außerdem kann der Helfende somit seine Kompetenz beweisen oder sogar auch mit Wissen „zur Stelle sein". Wirklich Helfende verfügen tatsächlich oft über einen recht großen Erfahrungsschatz. Das kann stolz machen und dem eigenen Selbstbewusstsein helfen. Man fühlt sich auch gut, denn wenn man um Hilfe gebeten wird, schmeichelt und belohnt uns dies.

Natürlich gibt es auch die andere Seite und die kann bitter sein: Man muss sich umgekehrt nämlich womöglich eingestehen Hilfe zu brauchen. Das kann bedeuten, dass man plötzlich genau auf seine eigene Hilflosigkeit schauen muss und entweder seine eigene Unfähigkeit oder auch Ohnmacht erkennt - und das kann schmerzen. Dies muss man aushalten und ertragen können. Das schafft nicht jeder und einige bleiben lieber in der Opferrolle, als um Hilfe zu bitten. (Oder man braucht therapeutische HILFE, um zu lernen, auch mal um Hilfe zu bitten).

Die typischen Ängste rund um „Hilfestellungen annehmen":

- Man hofft, es doch ohne Hilfe zu schaffen
- Man will sich nicht wirklich eingestehen, dass man Hilfe braucht
- Man hat die Befürchtung, dass Hilfe anzunehmen als Zeichen von Schwäche betrachtet wird
- Man glaubt abhängig von jenen zu werden, die einem helfen
- Man hat Angst, aus der Situation, in der man Hilfe benötigt, nie wieder heraus zu kommen.

Hier eine Definition von Wikipedia:

„**Hilfe** im Sinne der Hilfsbereitschaft ist ein Teil der Kooperation in den zwischenmenschlichen Beziehungen. Sie dient dazu, einen erkannten Mangel oder eine änderungswürdige Situation oder einer Notlage zu verbessern. Der Hilfe geht entweder eine Bitte des Hilfebedürftigen oder eine von ihm unabhängige Entscheidung durch Hilfsbereite voraus.

Die Feststellung über das Ausmaß der Hilfebedürftigkeit und der geeigneten Hilfsmittel kann zwischen den betroffenen Parteien kaum bis stark differieren. Dabei kann die Situation sowohl über- als auch unterschätzt werden. Ursachen sind meistens in der Kompetenz des Helfenden, aber auch in der Urteilskraft des Hilfebedürftigen zu suchen. So kann etwa die Urteilskraft eines schwer kranken Menschen ebenso stark geschwächt sein wie sein Allgemeinzustand Im Gegenzug kann der Helfende der Situation nicht oder nicht ausreichend gewachsen sein.

Hieraus wird deutlich, dass ein „Anspruch auf Hilfe", wie er in den meisten Gesellschaften als ein selbstredendes „ungeschriebenes Gesetz" betrachtet wird, nicht gleichbedeutend mit „Anspruch auf Besserung" ist. Schließlich gibt es zu viele subjektive Störfaktoren, die einer effektiven Hilfe im Wege stehen können. In den traditionellen und erfahrenen helfenden Berufen (Heilberufe, Gesundheitsberufe)) hat sich daher die „Hilfe zur Selbsthilfe" als ein effektives und realistisches Konzept durchgesetzt." (https://de.wikipedia.org/wiki/Hilfe /Februar 2018)

Daran sieht man schon, wie vielschichtig allein die Begriffsbestimmung rund um die „Hilfe" ist!

Synonyme sind beispielsweise:

Anteilnahme, Anwesenheit, Einsatz, Mitwirkung, Unterstützung, Besuch, Beistand, Betreuung, Fürsorge, Stütze, Assistenz.

Das Gegenteil von Hilfe ist:

Schaden, Unterlassung, Beeinträchtigung, Problem, Hilflosigkeit.

Und auch das spricht für sich, oder?

Eine schöne Beschreibung fand ich noch:

> **Hilfe = „mit fremder Hilfe eigenständig"!**

Stärke beginnt dann,
wenn wir anfangen,
unsere Schwächen
nicht länger
als Schwäche zu sehen,
sondern als
große Chance
um mehr
Unterstützung
und Hilfe
anzunehmen.

Multiple-artS.com

„Stärke beginnt dann, wenn wir anfangen, unsere Schwächen nicht länger als Schwäche zu sehen, sondern als große Chance um mehr Unterstützung und Hilfe anzunehmen."

Nach „lieben" ist „helfen" das schönste Zeitwort der Welt.
-Bertha von Suttner-

Unsere missliche Lage

Es ist oft eine missliche Lage, in der wir uns befinden, wenn wir überlegen, wem wir von unseren „Lebens-Umständen" oder von unserer Erkrankung erzählen sollen, wann und ob wir es überhaupt erzählen, ob es Sinn macht, ob es von Vorteil ist oder von Nachteil.

Im Endeffekt muss das jeder für sich entscheiden.

Allerdings wird jemand, der Sorge trägt, dass er seinen Arbeitsplatz verliert, wenn er sich „outet", dies vermutlich nicht gerne tun. So gibt es viele Beispiele. Wann aber ist dann der richtige Zeitpunkt?

Ich habe die Diagnose meiner MS jahrelang - außer den engsten Angehörigen - niemandem mitgeteilt. Im Nachhinein denke ich, dass es oft hätte hilfreich sein können und mir womöglich einige Missverständnisse und Aufregungen erspart geblieben wären. Man weiß es aber einfach nicht.

Es sind meist Ängste, die uns veranlassen mit der Diagnose hinter dem Berg zu halten: „Wie reagieren meine Freunde? Möchten sie dann noch mit mir zusammen sein? Werde ich zur Belastung?" - und und und.

Ängste sind evolutionsbedingt dazu da, um uns vor Gefahren zu schützen. Aber es zeigt sich auch ganz oft, dass es sich lohnt, Ängste zu überwinden.

Mir geht es in diesem Buch um das gegenseitige Verstehen, um das Akzeptieren und um das klare Definieren von Erwartungen auf beiden Seiten.

Ich kam zu diesem Thema über eine liebe Freundin, die auf ihrer Arbeitsstelle schon lange ihre MS bekannt gegeben hat. Es wird sehr viel Rücksicht genommen. Und hier beginnt das Dilemma: Wie viel Rücksicht ist gut? Wie viel Rücksicht mögen wir und wann schadet uns die Rücksicht?

In ihrem Fall haben Kollegen einige meiner Bücher gelesen, um die Krankheit besser zu verstehen und sind unweigerlich damit konfrontiert worden, dass wir sehr oft lächeln - auch wenn es uns schlecht geht. Es kam die Frage einer lieben Kollegin auf: „Hast Du wirklich IMMER „pelzige" oder „kribbelnde" Beine und Sensibilitätsstörungen?". „Ja", antwortete meine Freundin, „Immer!". Die Kollegin fragte daraufhin: „Auch jetzt?". „Ja, auch jetzt!".

Das setzte sich fort und die Kollegin fragte, wie sie damit leben könne, immer Schmerzen an den Beinen zu haben oder dass sich alles taub anfühle und sie trotzdem arbeiten ginge? Diese Vorstellung hat sie sehr getroffen und berührt.

Das zeugt von großer Empathie und meine Freundin war natürlich daraufhin ebenfalls gerührt.

Aber, und nun kommt der Grund, warum ich dieses Buch schreibe: Es hat auch etwas mit meiner Freundin gemacht. Sie empfand diese Empathie mit dankbarer Freude und gleichzeitig hat es sie bedrückt.

Wir haben uns oft immer wieder über diese und ähnliche Situationen unterhalten und festgestellt, dass so viel Empathie mit enormer Rücksichtnahme auch nicht so einfach ist. Denn genau auszuloten, was ihr an Arbeit guttut, was sie (wann) leisten kann, ist sehr schwierig. Für beide Seiten. Sie erklärte, dass es Tage gäbe, an denen sie „normal fit" sei (das ist dann genau unserer üblicher IST-Zustand, der Status Quo sozusagen) und dass es Tage gäbe, an denen es ihr weniger gut ginge und sie dankbar für Hilfe wäre. Und dass sich dieser Zustand bei MS innerhalb einer Stunde mehrfach ändern könne.

WIE soll ein Angehöriger damit umgehen? Diese Frage stellten wir uns bei unseren Überlegungen auch. Wir selbst können unseren Zustand ja oft nicht einschätzen, wir selbst sind oft überrascht, wenn sich innerhalb von Minuten unser Zustand ändert. Und zwar sind alle Richtungen offen: Von super gut zu völlig schlecht, von völlig schlecht zu sehr gut und zu allem was dazwischen liegt.

DAS kann man nicht erklären und das ist unser Dilemma.

Freunde und enge Angehörige können im besten Fall damit umgehen, aber auf der Arbeit ist das ja nochmal etwas anderes. Denkt man. Ist das so?

Und wieder sind wir mitten in unserer misslichen Lage.

Hilflos stehen wir da.... Hilflos und gleichzeitig gerührt... Und suchen nach einem Ausweg oder einem sinnvollen Weg.

Auf diese Reise werde ich mich mit meinen Recherchen begeben. Ich bin selbst gespannt wo es hinführt und nehme Sie mit auf diese Exkursion. :)

Manches *erscheint* ganz oft sehr aussichtslos und nicht machbar ...

... bis man es **probiert** hat ...!

by MULTIPLE-ARTS.com

„Das persönliche Wachstum beginnt dann, wenn wir dazu in der Lage sind, unsere Schwäche zu akzeptieren."
-Jean Vanier-

Informative Überlegungen:

Ich mache mir viele Gedanken, was uns zum Beispiel davon zurückhält von unserer Erkrankung/Situation zu erzählen: Ist es Stolz?

Ich weiß noch, dass es mir so wichtig war, ganz „normal" mit der MS weiterleben zu wollen und habe es deshalb nicht an die große Glocke gehängt. Ich hatte wohl auch Angst vor den Reaktionen. Ich dachte, wenn ich die MS aussperre, dann ist sie nicht da. Das gelang mir auch für einige Jahre gut. BIS sie sich wieder stärker bemerkbar machte. Bis ich einen neuen Schub bekam, der Vieles veränderte. Er veränderte meine MS so dermaßen, dass ich mich in einem Strudel wiederfand. Es war ein kleiner Schub - eine taube rechte Hand. Aber er löste Fatigue aus (= abnorme Erschöpfung und Erschöpfbarkeit), die mich so ausbremste, dass mein Leben wirklich auf den Kopf gestellt wurde. Dieser kleine Schub löste eine erneute MRT-Diagnostik aus, die deutlich zeigte, dass die Krankheit aktiv ist. Dies wiederum brachte auf medizinischer Seite Veränderungen: Ich musste Interferon spritzen, das nochmals alles auf den Kopf stellte. Ich befand mich im Schleudergang. Dass mir noch dazu schwindelig wurde, war kein Wunder. ☺

Und jetzt, allerspätestens jetzt, wurde mir bewusst: Ich kann die Krankheit nicht mehr geheim halten. Sie ist zu präsent und hat zu gravierende Auswirkungen!

Ich schaffte meine Arbeit als Erziehern nicht mehr und musste Erwerbsminderungsrente beantragen. Dies war ein harter unerbittlicher und sehr unfairer Kampf, der mich gesundheitlich nochmals zurückwarf. Auf Grund der mittlerweile sehr heftigen Fatigue und bis zu 5-6 abartigen Fatigue-Attacken pro Tag, wurde auch mein soziales Leben extrem eingeschränkt. Freunde haben sich verabschiedet und so weiter. Es war hart. Und es war hart, zu dieser Krankheit zu stehen, nicht gegen sie anzukämpfen, ihr aber die Stirn zu bieten.

Und wieder betraf es nicht nur mich, sondern meine nahestehenden Angehörigen ebenso. Mein Mann musste mit einer beeinträchtigten Frau leben (er hat das prima gemeistert und wir lernen und profitieren noch heute voneinander), meine Kinder mussten erkennen, dass ich definitiv nicht gesund bin und Freunde mussten mit ansehen, wie ich Partys spontan verlassen oder gar absagen musste. Alle miteinander erlebten eine neue andere „Heike". Das kann man wertfrei erleben und meine engsten Lieben haben das auch wertfrei hingenommen. Manche Freunde allerdings nicht und so trennten sich unsere Wege. Aber neue enge Freundschaften kamen dazu und ich kann heute einfach nur sagen, dass mein „neues Leben" absolut lebenswert ist. Ich genieße mein Leben, mein Schaffen und Tun. Und ich weiß auch, dass das alles nicht selbstverständlich ist - eine große Dankbarkeit erfüllt mich. Ich habe meinen Weg gefunden und ihn gehen viele liebe Freunde mit und meine Familie ebenso. Ein Geschenk.

Zurück aber zur Überlegung, warum ich so spät gesagt habe, dass ich MS habe. Hätte es mir nicht auch weiterhelfen können? Mein Fazit ist: Ja, in einigen Bereichen hätte es mir zu mehr Leichtigkeit und auch zu ein paar Zugeständnissen verhelfen können. Aber nicht in allen Bereichen und es ist ja müßig, sich im Nachhinein zu viele Gedanken zu machen. Aber wir möchten ja hier nun unseren gemeinsamen Weg gehen, sozusagen gemeinsam überlegen und nachforschen.

Als ich offener wurde (und werden musste, um meine Beeinträchtigungen erklären zu können), kam mir eine große Welle des Mitgefühls entgegen. Aber auch sehr viel Unverständnis. Meine Beeinträchtigungen sah man zum damaligen Zeitpunkt ja nicht. Mir wurde (sogar von Gutachtern) unterstellt, ich würde simulieren, Freunde begriffen nicht, warum ich bei einer Feier anwesend war und bei einer anderen nicht. Dazu gibt es zig Beispiele. Dieses Unverständnis und Misstrauen hat mich zum Schreiben gebracht und schließlich zum Bloggen und zum Bücher-Schreiben. Und siehe da: Ich habe meine Erfüllung gefunden. Denn ich kann mit meinen Texten Betroffenen helfen und deren Angehörigen erklären, wie es sich anfühlt mit diesem und jenem Symptom. Das Feedback ist so außerordentlich groß, dass es eine echte „Win-Win-Situation" ist. Wir profitieren alle voneinander. ☺

Auch interessant ist Folgendes: Ich bin immer noch (nach 24 Jahren MS) überrascht, wenn sich jemand meinen Bericht über meine Beeinträchtigungen anhört und offen und einfach nur verständnisvoll reagiert. Wenn er womöglich noch nachfragt und versucht zu begreifen, was mit mir los ist! Wenn man ohne Aufsehen zu erregen einfach Rücksicht auf mich nimmt, mir selbstverständlich einen Stuhl hinstellt, wenn alle anderen stehen, wenn man mir Wege zum Buffet abnimmt, um meine Energie zu schonen oder wenn man sich mit mir freut, wenn ich etwas für mich Besonderes geschafft habe. Ist das nicht eigentlich selbstverständlich? Nein, für mich nicht. Ich habe so viel Unglauben und Missgunst erlebt, dass mich eine noch so einfache Anteilnahme rührt und beeindruckt. Und ich weiß, dass es vielen chronisch Kranken so geht. Immer und immer wieder müssen sie sich rechtfertigen und erklären. Ich denke immer, dass ein Nicht-Verstehen solange ok ist, wie jemand wirklich einfach die Erkrankung nicht kennt und es sich nicht vorstellen kann. Wenn man aber Freunden und/oder Verwandten immer wieder erklärt, wie es einem geht und nach Jahren immer noch auf Unverständnis stößt, ist dies für mich ein klarer Fall von Ignoranz, Überheblichkeit und Unmenschlichkeit. Es ist heutzutage so einfach sich zu informieren: Das Internet und Bücher sind ein gutes Medium. Nicht umsonst habe ich auf meiner Facebook-Seite <u>MULTIPLE ARTS</u> so eine große Gemeinschaft und Menschen mit unterschiedlichen Beeinträchtigungen und Krankheiten, sowie auch deren mitfühlende Angehörige, die sich informieren MÖCHTEN, um besser zu verstehen. Ich finde es einfach wundervoll, wenn sich Angehörige in ihren Kommentaren für die Info bedanken oder mir schreiben, dass sie nun ihren Partner/Freund/Mutter/Kind besser verstehen. So kann Gemeinschaft funktionieren und gegenseitiges Interesse mit Respekt und Empathie gelebt werden! ☺

Und wenn man es Menschen erklärt hat, was ist dann? Kann man davon ausgehen, dass dann alles „läuft wie am Schnürchen"?

Ich glaube nicht, denn Mensch sein bedeutet Komplexität und auch menschliches „Vergessen" oder „Schusseligkeit".

Und doch ertappen wir uns dabei, dass wir bei manchen Menschen denken: „Ich habe es Dir doch gesagt, dass ich nicht so weit laufen kann - also warum schlägst Du mir nun ausgerechnet einen etwas längeren oder holprigen Weg vor?".

Es ist wirklich schwierig, denn einerseits möchten wir nicht dauernd mit Samthandschuhen angefasst oder NUR in Watte gepackt werden (was ja unser „Können" unter den Scheffel stellen könnte) und andererseits fordern wir womöglich aber insgeheim diese Umsicht ein. Es ist definitiv nicht immer einfach mit uns zu leben und klarzukommen. Vor allem ist es dann nicht einfach, wenn andere so reagieren wie wir es manchmal fordern - nämlich uns normal zu behandeln!

Vielleicht reden wir etwa dann von mangelndem Mitgefühl oder Mitdenken - aber diese Situation stellt uns auch vor eine Herausforderung, die wir annehmen wollen und auch „müssen", um uns selbst zu beweisen, dass wir es trotzdem schaffen. Es ist dann einfach ein tolles Gefühl so Manches hinbekommen zu haben, beziehungsweise die Erwartung des Anderen erfüllt zu haben.

Klar ist, dass wir auch an diesen Herausforderungen wachsen und sie wiederum als Motivator für andere ähnliche Situationen nutzen können. Denn in unserem Unterbewusstsein speichern sich gute Erlebnisse ab und verhelfen uns somit weiter, auch in ähnlichen Situation wieder mutig sein zu können!

Es ist möglich, dass (sinnvolle) Herausforderungen, die uns andere stellen, sogar gut für uns sind, da uns zu viel Verständnis vielleicht eher auf der Stelle stehen bleiben lassen würde - ohne uns zu fordern!

Denn ähnlich wie in einer Beziehung muss man sich die Frage stellen, ob man es überhaupt will, dass man nie Herausforderungen gegenübersteht. Und ist es das, was ich vom Leben will: Gleichklang? Was wiederum bedeutet, dass man wirklich auf der Stelle tritt und nicht vorwärtskommt. Dann würden uns viele Chancen und Möglichkeiten genommen. Wir wissen es eigentlich: Anforderungen lassen uns wachsen und wir trauen uns daraufhin dann auch gleich viel mehr zu. Einmal, weil wir es erst mal „müssen" und dann, weil wir merken, dass wir oft doch wesentlich mehr schaffen als wir denken.

Dies zeigt uns deutlich auf: Es sind beide Seiten wichtig. Es geht auch ums Ausprobieren und Zutrauen. Vieles haben wir womöglich aus Angst schon verlernt, beziehungsweise schließen es von vornherein aus - mit dem Gedanken, dass wir das sowieso nicht können. Und das wäre schade, denn Gedanken sind wirkende Kräfte! Und diese sollten wir nutzen - als Antrieb und Segel, die wir setzen!

Das größte
Gefängnis,
in dem sich
Menschen
befinden können,
ist das Gespinst
der **Angst**
vor dem,
was andere Menschen
von ihnen
denken könnten.

by MULTIPLE-ARTS.com

Das Leben
ist wie eine Leinwand.
Du kannst Dir
jeden Morgen aussuchen,
ob Du am alten Bild
weiter malen möchtest,
oder ob Du ein
neues Gemälde beginnst …

by multiple-arts.com

©2016Heike Führ

Hilfe annehmen!
– So macht uns unsere Schwäche stark

Hilfe kann Beratung, Therapie oder andere Unterstützung betreffen. Wenn Sie oder Ihre Angehörigen zum Beispiel in einer Therapie erfahren haben, dass Hilfe wirkt, sowie erleichtert und stärkt, verstehen Sie vielleicht gar Ihre frühere Haltung (Abwehr) dagegen nicht mehr.

Hilfe zu suchen und anzunehmen ist also gar nicht so einfach – das wird immer mehr klar. Und klar ist auch: Je schlechter es uns geht, umso weniger Kraft haben wir, überhaupt Hilfe zu suchen (auch eventuell eine entsprechende Person, der man sich anvertrauen kann zu suchen oder gar einen Arzt aufzusuchen). Und umso schwieriger kann es deswegen auch sein, auf die eigenen Probleme hinzuweisen. Dazu muss man sie wahrnehmen und „sortieren", um sie überhaupt in Worte fassen zu können – und das stellt wieder eine Hürde dar.

Im Grunde genommen geht es ja oft darum, dass wir keine Hilfe nehmen *können* – warum auch immer. Ist es nicht so, dass man manchmal glaubt, man müsse immer stark sein und alles alleine schaffen!?! Oft ist es so - man möchte anderen nicht zur Last fallen und hat vielleicht auch schlechte Erfahrungen damit gemacht. Und doch gibt es Situationen, in denen wir Hilfe BRAUCHEN. Und das ist kein Makel, sondern:

> ## Wer sich Hilfe sucht ist stark!

Und ist es nicht so, dass wir uns im Grunde alle nach Menschen sehnen, denen wir wichtig sind? So wichtig, dass sie sich um uns kümmern, wenn es uns schlecht geht, die uns trösten, wenn wir Aufmunterung brauchen und die uns unterstützen, wenn wir darauf angewiesen sind. Auch wenn man es nicht dringend existenziell braucht darf man Hilfe annehmen.

Mir hat eine Therapeutin mal gesagt, dass manche Menschen in meinem Umfeld mir sicher gerne helfen würden, sie aber nicht wüssten WIE! Und dass es für eine Freundin, die außerhalb wohnt, wohltuend ist, wenn wir uns bei mir verabreden und ich nicht zu fahren brauche (was mich unter Umständen sehr anstrengt), sondern sie dann diese Fahrt regelmäßig macht um mich zu entlasten. Auch das ist Hilfe.

Denn es ist nicht immer einfach für andere, etwas für uns tun zu können. Wenn sie es aber möchten, dann liegt es an uns, wie und ob wir ihre Hilfe annehmen können.

GEWINNER sind nicht die, die niemals verlieren, sondern jene, die NIEMALS AUFGEBEN! NEVER GIVE UP! by MULTIPLE-ARTS.com

Klar ist: Nur wenn wir uns wirklich und ernsthaft bemühen, uns öffnen und diese Hilfe zulassen (möchten), können andere auch für uns etwas tun und vor allem da sein.

Warum fällt es uns so schwer Hilfe anzunehmen?

Leider haben wir oft von klein auf gelernt, dass man „stark sein muss"! Was auch immer das heißt! „Zeig bloß keine Schwäche!" hieß es oft – warum nur?? Meistens wurde uns gar vorgelebt, dass sich jeder alleine durchkämpfen muss, dass diese Welt hart ist und dass man niemandem trauen kann.

Sich Unterstützung zu holen wurde und wird (auch in der heutigen Gesellschaft) oft als Zeichen von Schwäche verstanden. Schade!!! Denn das Gegenteil ist der Fall: Wenn sich ein Mensch Hilfe sucht, hat er einen wichtigen und sehr starken – oft auch mutigen – Schritt begangen: Er hat reflektiert und **handelt.** Handlungsfähigkeit ist eine tolle Gabe und ist STÄRKE! Nicht zu handeln ist schwach (ohne Wertung). Dann überlässt man sich seinem Schicksal, weil man nicht die Kraft oder den Mut (oder auch Charakter) hat. In dem Moment, in dem man sich AKTIV Hilfe sucht, ist man stark genug, all das was noch kommen könnte mitzutragen!! Toll, oder? :)

Noch dazu sollte man sich immer sagen: Warum machen wir es uns so schwer, wenn es doch auch viel viel einfacher ginge?! Denn gerade chronisch Kranke verfügen über weniger Kraft und Energie als gleichaltrige Gesunde. Diese Energie auf ein „Ich muss da durch, ich will es alleine schaffen!" zu verschwenden, ist doch schade und nimmt uns viele Möglichkeiten Schöneres zu erleben.

Oft sind es auch Schamgefühle, die es Menschen in Not so schwer machen, sich Hilfe zu suchen. Dabei stellt man immer wieder fest: Wer sich offenbart, wird sich wundern, wie vielen Menschen es ähnlich geht.

Ich habe beispielsweise ein Buch über sexuelle Störungen bei chronischen Erkrankungen herausgegeben. Die Resonanz war groß – aber nicht öffentlich, sondern mich erreichten E-Mails mit der Bitte um Vertraulichkeit. Ich habe das Thema „Sexualität" und die dazugehörige

„Scham" dann in einer Facebook-Gruppe zum Thema gemacht und siehe da: Im „geschlossenen Rahmen" einer solchen Gruppe haben viele Betroffene von ihren Problemen erzählt und es war ergreifend, wie viele Menschen dann gesagt haben: „Ach, ich sehe, ich bin nicht alleine!".

Wie wohltuend!

Selbstbewusstsein

Dafür, dass man auch mal zugeben kann, dass man irgendetwas eben nicht schafft, bedarf es natürlich eines guten Selbstbewusstseins und einer stabilen inneren Stärke. Es nicht (gleich) zu schaffen, ist aber nicht schlimm! Kein Mensch kann immer alles schaffen!

Ich hatte beispielsweise mal für eine Feier eine tolle Torte gebacken und mitgebracht. Sie kam sehr gut an und eine Bekannte fragte mich nach dem Rezept und ob sie schwer zu backen sei. Ich antwortete, dass sie ausgesprochen einfach herzstellen sei. Daraufhin antwortete sie: „Das musst Du ja niemandem sagen! Sollen doch alle denken, dass sie schwer zu machen sei!".

Diese Begebenheit ist Jahre her und beschäftigt mich immer mal wieder. Ich habe kein Problem damit zuzugeben, dass diese Torte kein „Hexenwerk" sei, sondern super einfach zu backen ist. Das qualifiziert mich nämlich weder auf noch ab. Es ist einfach ein Tatbestand. Es ist auch keine Schwäche, dass ich eine einfach zuzubereitende Torte mitbringe. ☺

Das heißt auch, dass ich keinen besonderen Anspruch an mich stelle. Ich habe zugesagt eine Torte mitzubringen und wollte ein möglichst tolles Ergebnis ohne viel Aufwand haben. Was ist daran falsch? Nichts. Es ist einfach ok so!

Sinnvoll wäre es, dieses Beispiel auf andere Situationen in unserem Leben zu übertragen. Die Gelassenheit zu entwickeln, mit uns und unseren Fähigkeiten zufrieden zu sein und keine erhöhten Erwartungen an uns zu haben, die wiederum eine Kettenreaktion auslösen können. Im Gegenteil: Wir dürfen uns und anderen gegenüber ruhig „Schwächen" zugeben. Das macht uns weder weniger noch mehr wertvoll. Wir SIND, wie wir sind. Punkt.

Und wenn wir unsere Schwächen zugeben können, können wir einfacher Hilfe annehmen, da wir nicht mit uns und unseren „Fähigkeiten" oder Handicaps ins Gericht gehen oder hadern, sondern weil wir sie annehmen. Annehmen als das, was sie sind: Eine jeweilige Beeinträchtigung unter vielen anderen Stärken! :)

Ich habe in einem Interview einmal gesagt, dass ich es nicht mehr schaffen würde eine Wand zu streichen, aber dafür könne ich ein schönes Bild für diese Wand malen. Das ist doch ein toller Kompromiss, oder?

Wenn wir generell abblocken, nehmen wir uns auch die Chance auf Hilfe und somit auch die Chance auf Freundschaft, Zugewandtheit und Vertrautheit - auf Vertrauen und Beziehung an sich!

> **Einer Person zu helfen,
> mag nicht die
> ganze Welt verändern,
> aber es kann die Welt
> für diese eine Person verändern!**

Wir müssen uns ganz klar machen, dass wir menschliche Wesen sind, die ab und an – wie jedes andere menschliche Wesen – Hilfe benötigen. Alles andere wäre Verleugnung und Selbstbetrug und das ist niemals gut.

Auch wenn es darum geht, wie wir mit unserer Erkrankung umgehen, ist es notwendig, uns ihr und den dazugehörigen Symptomen zu stellen. Auch hier kann Verleugnung fatale Folgen haben: Körperlich sowie wie psychisch!

Ebenso muss man sich davon befreien, ständige Angst oder Sorge zu haben, dass wir damit andere ausnutzen würden.

Wir müssen lernen, dass es OK ist, uns auch mal anderen Menschen ZUZUMUTEN!

Im besten Fall müssen wir lernen, dem Helfenden zu vertrauen, wenn er uns sagt, dass er gerne hilft. Das zeigt auch, dass man den Helfenden ernst nimmt. In dem Moment lässt man die Verantwortung auch bei ihm und stülpt sie sich nicht selbst über. Das ist sehr wichtig, wenn eine Beziehung funktionieren soll.

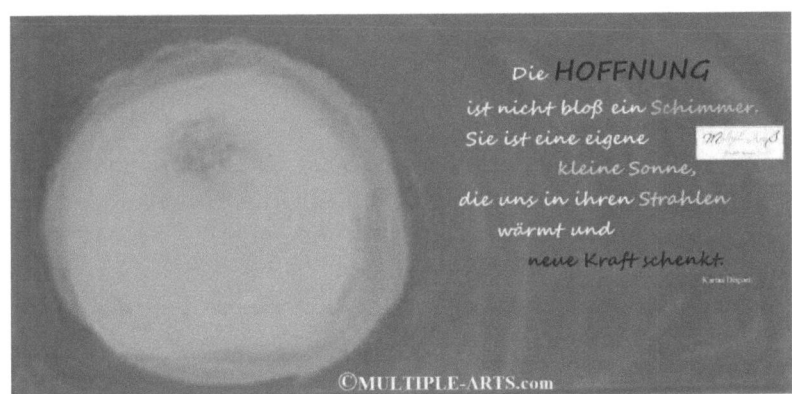

Innere Sicherheit erleichtert es, Hilfe anzunehmen

Interessant ist in diesem Zusammenhang auch die Beobachtung, dass kleine Kinder, die sich ihrer selbst noch nicht sicher sind, sich vehement dagegen wehren, wenn man ihnen helfen möchte. „Ich kann das alleine!" ist wohl einer der häufigsten Sätze im Kleinkindalter!

Später erst, wenn sie sich selbst bewusster werden, wenn sie auch wirklich mehr können, sich mehr zutrauen und sich selbst besser einschätzen können, dann lassen sie Hilfe eher zu oder fragen nach Hilfe. Bei unsicheren Erwachsenen ist das genauso: Um Hilfe zu bitten setzen sie oft mit einem „Versagen" gleich. Dagegen können jene, die sich selbst gut einschätzen können und ein gutes Grundgerüst an innerer und äußerer Sicherheit erlangt haben, besser Hilfe annehmen, einfordern und auch zulassen. Das ist doch wirklich interessant und bestärkt den Satz, dass Hilfe anzunehmen ein Zeichen von STÄRKE ist! :)

Es gibt auch ganz klare andere Gründe, warum mache Menschen keine Hilfe annehmen können. Beispielsweise depressiv selbstüberforderte Menschen können nur ganz unscharf ihre eigenen physischen und psychischen Grenzen erkennen und daher auch nur schwer spüren, wann eine emotionale beziehungsweise psychische Belastung einfach nicht mehr zu bewältigen ist.

Des Weiteren gibt es wirklich die Menschen mit Helfersyndrom. Oft übernehmen diese für alles Mögliche (unaufgefordert) die Verantwortung - ganz nach dem Motto, dass für die anderen alles gut sein muss. Wo aber bleibt der Helfende in diesem Fall SELBST? Er stellt eigene Bedürfnisse völlig hinten an, was in solch einem Fall nicht gut gehen kann. Aber da er vielleicht seine eigenen Bedürfnisse gar nicht wahrnimmt, hilft er lieber anderen.

Das heißt: Die eigenen Bedürfnisse wahrzunehmen, zu übersetzen, auszudrücken und um Hilfe zu bitten und diese auch anzunehmen, fällt vielen schwer. Wir erwarten meist, dass der andere „errät", was wir brauchen und sind enttäuscht, wenn er dies nicht tut. Wir vergessen dann, dass unser Gegenüber nun wirklich nicht zaubern kann und wir nehmen ihm sogar die Möglichkeit, uns seine Zuneigung und Zugewandtheit zu zeigen.

Warum Hilfe annehmen gut tun kann

Im besten Fall lebt man als Mensch in einer Gesellschaft und Gemeinschaft. Das muss keine räumliche Gemeinschaft sein, aber meistens hat man Freunde, Familie, Kollegen oder auch Nachbarn. Und dann erlebt man, dass man gemeinsam einfach viel und schneller weiterkommt als alleine. Etwas gemeinsam zu tun stärkt das Band und tut beiden Seiten gut. Jedem auf seine Weise. Dem Helfenden könnte es gut tun, weil er etwas Wertvolles tun konnte und vielleicht auch nicht das Leid seines Freunds sehen oder aushalten musste, sondern dazu beitragen konnte, ihm etwas Schönes oder Wohltuendes widerfahren zu lassen. Demjenigen, dem geholfen wurde, widerfährt etwas Wundervolles und das Erleben, wie es ist (und sein kann), wenn man wertvoll ist. So wertvoll, dass es jemanden gibt, der einem helfen MÖCHTE! Dass es jemanden gibt, dem unser Wohlergehen am Herzen liegt. Kann es etwas Wundervolleres geben?

Noch dazu kann in einer sinnvollen Gemeinschaft jeder seine eigenen Fähigkeiten auf beste Weise und nutzbringend einbringen. Also ein gegenseitiges Achten.

Rein wissenschaftlich weiß man auch, dass Hilfe anzunehmen die sozialen Beziehungen stärkt.

Denn es ist ja immer so, dass man sich gerne gegenseitig einen Gefallen erweist und diese aufeinander aufbaut – was beiden Seiten gut bekommt und das Band stärkt. Sicherlich gibt es auch unausgeglichene Phasen, in denen der eine deutlich mehr Hilfe gibt, als er empfängt. Aber auch das ist „Leben" und solange beide Parteien glücklich und zufrieden damit sind, ist es auch ok. Vielleicht kann der Andere dafür toll zuhören und revanchiert sich so. :)

Außerdem ist dieses Besondere am Helfen auch ein wachsendes Vertrauen - in sich selbst, weil man nun erlebt hat, dass man es WERT ist, Hilfe zu bekommen und auch innerhalb der Beziehung, weil man weiß, dass es den anderen verlässlich gibt!

Wir kennen ja selbst sicher alle auch das erbauliche wohltuend schöne Gefühl, wenn wir anderen schon einmal geholfen haben. Man darf nicht unterschätzen, dass das, was das Helfen in dem Helfenden an Glücksgefühlen auslösen kann, für ihn heilend und äußerst willkommen sein kann. Helfen ist ja immer ein MITEINANDER, also immer auch ein soziales Gefüge, das gegenseitig stärkt. Deshalb ist es also durchaus nicht nur eigennützig, wenn wir um Hilfe bitten.

> ✓ **Um Hilfe zu bitten, Hilfe anzunehmen und uns selbst Hilfe zugestehen zu können, ist die Königsdisziplin der Stärke.**

Was passiert, wenn wir um Hilfe bitten und diese abgelehnt wird?

Natürlich möchte dies niemand erleben, aber genauso natürlich wird es auch passieren.

Das Gegenüber hat immer das Recht, sich abzugrenzen oder NEIN zu sagen, so wie wir das gleiche Recht dazu haben. Ob uns das nun gefällt, ist eine andere Frage! Man muss sich aber Folgendes klarmachen: Ein ablehnendes Nein ist meist keine Ablehnung unserer Person. Es ist ein Nein zu der jeweiligen Situation.

Und es ist auch kein Nein für immer oder dass man „niiiiie wieder" Hilfe bekommen oder um Hilfe gebeten würde!

Es ist erst einmal ein wertfreies Nein.

Natürlich kann dies gefärbt sein mit Panik des Anderen. Er könnte Angst vor Überforderung haben, es selbst nicht zu schaffen, oder dann „immer helfen zu müssen". Es kann aber auch ein ganz einfaches „Tut mir leid, ich kann Dir gerade nicht helfen" bedeuten.

Wir dürfen und sollten das nicht persönlich nehmen. (Ausnahmen bestätigen natürlich die Regel). Auf jeden Fall dürfen wir uns deswegen nicht soweit beeinflussen lassen, dass wir nie wieder um Hilfe bitten. Das wäre fatal.

WIE GEHT ES DIR???

Ich bin so müde. Nicht gut.
Ich bin erschöpft.
Ich kann manchmal kaum noch kämpfen.
Ich bin traurig. Mir ist übel.
Ich habe Angst.
Manchmal bin ich hoffnungslos ...
SCHLECHT!!!

GUT ...

... wie oft antworten wir so und lächeln ....

©MULTIPLE-ARTS.com

... und was uns noch so daran hindert, Hilfe anzunehmen: Ein paar Einblicke und Statements von Betroffenen, die ich befragt habe (anonym), die so unterschiedlich und vielfältig sind, wie das Thema selbst!

- Manchmal ist es wirklich anstrengend, alles selbst machen zu wollen, aber so kann ich meine „Unabhängigkeit" beweisen.
- Da unsere Gesellschaft durch Geben und Nehmen funktioniert, ist es auch wichtig, einmal was zurückzugeben. (Auch in Form von Hilfe geben). Sonst kann sich eine Art Ungleichgewicht bilden, das auf Dauer ein ungutes Gefühl hinterlassen könnte zwischen den Beteiligten.
- Viele Menschen helfen gerne, weil es ihnen auch ein gutes Gefühl gibt.
- Wenn man es auch alleine schafft und der andere es nicht besser kann - kann man es auch gleich alleine machen.
- Man muss aufpassen, dass die anderen nicht beleidigt sind, wenn man immer deren Hilfsangebot ablehnt. Deshalb ist Hilfe annehmen auch wiederum wichtig, denn es gehört einfach zum menschlichen Miteinander.
- Man macht sich nicht schwach, wenn man Hilfe annimmt, sondern man gibt den Menschen die Gelegenheit einem zu zeigen, dass sie uns mögen. Diese Chance sollte man ihnen nicht nehmen.
- Das Leben ist viel schöner, wenn man spürt, dass Freunde gerne etwas füreinander tun, auch wenn es nicht nötig ist! Machen wir das nicht auch für andere? Und das sogar auch, wenn man weiß, dass es ohne uns auch gegangen wäre?
- Für viele Leute bedeutet „Hilfe annehmen", dass man schwach ist und das möchte man natürlich nicht und man setzt sich lieber eine Maske auf. Heute weiß ich, dass es mutig ist, wenn man Hilfe annimmt.
- Es kann auch die eigene Angst vor Peinlichkeit sein, oder die Sorge, nicht den eigenen Ansprüchen zu genügen.

Hilfe braucht jeder irgendwann

Hilfe braucht jeder Mal. So einfach ist das und doch machen wir eine solch schwierige Gratwanderung daraus. Jeder empfindet es anders, jeder geht anders damit um und es treffen zu viele unterschiedliche Individuen aufeinander. Somit kann es auch schnell mal heikel werden, wenn es entweder um das Anbieten oder um das Ablehnen von Hilfe geht!

Oft empfinden wir unwillkürlich Angst, wenn unsere ganz persönliche Ordnung aus den Fugen gerät oder zu geraten droht. Dies kann durch ganz verschiedene Ereignisse ausgelöst werden, wie Verluste oder eine schwerwiegende Diagnose. Diese Ereignisse können uns in ein Chaos stürzen und dies wiederum kann extrem bedrohlich wirken oder so stark belasten, dass wir „außer uns sind" und nicht mehr klar denken können. Jetzt bräuchten wir Hilfe, aber können wir sie annehmen???

Prinzipiell gilt: Wer in der Lage ist, seine eigenen Grenzen zu erkennen und sich rechtzeitig Hilfe holen kann, hat schon einen wichtigen Schritt in Richtung Rettung getan.

Leben heißt Veränderung und wenn sich Dinge verändern, geraten sie oft auch durcheinander. Wir sind also gefordert, mit einem gewissen Chaos leben zu lernen und uns im Bedarfsfall Hilfe zu holen und sie zuzulassen.

Klar ist auch: Wenn wir uns geborgen fühlen, wenn wir einen sicheren Selbststand haben und uns „uns selbst bewusst" sind, dann können wir uns unseren Sorgen und Ängsten leichter stellen. Denn innerhalb einer geborgenen Atmosphäre kann man leichter Mut und innere Stärke entwickeln und somit auch selbstverständlicher Hilfe einfordern. Aber es ist schwer, von diesem Status Quo aus zu agieren. Nicht viele Menschen schaffen dies und sind so stark.

Es ist deshalb so wichtig, sich all das zu vergegenwärtigen, denn nur wer auch innerlich bereit ist, etwas für sich zu tun, oder sich erlaubt, sich einzugestehen, dass man schwach sein darf, wird es schaffen daraus dann die notwendige Stärke zu entwickeln.

Innere Sicherheit entsteht natürlich nicht von heute auf morgen! Wenn man als Kind wenig oder kein verlässliches (Ur-) Vertrauen und keine ausreichende Geborgenheit erlebt hat, wird es unter Umständen ein schwerer Weg dorthin. Bis man die wirkliche Gewissheit tief drinnen erlangt, dass man für sich selbst sorgen kann, braucht man viele GUTE Erfahrungen. Zu wissen, dass man, egal was auch passieren wird, einen Weg finden wird – das ist nicht einfach und doch lohnt sich der Weg dorthin.

Sich selbst mit all seinen Schwächen, seinen Beeinträchtigungen, aber auch mit seinen Stärken (!) anzunehmen – das ist das Ziel des Weges, der wiederum das Ziel an sich ist! Nur mit gut verankerten und verfestigten positiven Erlebnissen schafft man es, ein gutes Selbstbewusstsein zu erschaffen und zu bewahren, sowie auszubauen, sodass es dann auch kein Drama ist, wenn man um Hilfe bittet!

Um Hilfe zu bitten hat auch etwas mit „Kontroll-Verlust" zu tun: Wenn man gewohnt ist, alles selbst zu tun, hat man immer die Kontrolle über sein Tun und die Sache an sich. Wenn man sich Hilfe holt, muss man einen Teil dieser Kontrolle abgeben. Je nach Erfahrung und Charakter, kann dies Erleichterung bringen oder auch bedrohlich wirken. Das heißt, das Zauberwort ist hier: „LOSLASSEN"!

Loslassen von alten verfestigten Strukturen und Angewohnheiten, Loslassen von Starrsinn und bereit sein, sich auf Neues einzulassen und somit dem Neuen auch eine Chance und Möglichkeit zu bieten!

Dazu gehört dann neben dem Loslassen unser MUT! Mut und die Bereitschaft dazu! Mut kann eine enorme Kraftquelle sein, um Altes hinter sich zu lassen, sich seinen Sorgen und Ängsten ernsthaft zu stellen und um zu neuen Ufern aufzubrechen und sich Unterstützung zu holen.

Ein ganz wesentlicher Aspekt zum Thema „HILFE" ist für mich das Erhalten meiner Lebensqualität. Auf Grund meiner MS musste ich schon sehr viel Lebensqualität einbüßen. Da gab es wirklich sehr schwierige Zeiten und auch heute noch spüre ich, dass ich im Verhältnis zu gleichaltrig Gesunden eine andere Lebensqualität habe. Meine Beeinträchtigungen verhindern ein völlig normales Leben. Das steht fest. Allerdings versuche ich das Beste daraus zu machen. Aber manchmal gelingt das nur, indem ich HILFE annehme. Das sind auch finanzielle Unterstützungen, die ich von meiner Mama bekomme, um mir beispielsweise besondere und alternative Therapien leisten zu können, oder die tägliche oft unbewusste Hilfe meines Mannes, meiner Kinder, Schwiegerkinder und Freunde. Es erleichtert mein Leben ungemein, dass ich weiß, dass ich liebe Menschen um mich herum habe, die mir gerne helfen. Man muss auch die Perspektive der anderen berücksichtigen, die ja unsere Beeinträchtigungen miterleben und uns so gerne helfen **möchten**. So ist es für ein paar meiner Freundinnen beispielsweise selbstverständlich, dass sie mich irgendwo hinfahren und sie auch bei gemeinsamen Ausflügen selbstverständlich selbst fahren, damit ich meine Kraft aufsparen kann.

Meine Kinder und Schwiegerkinder planen ganz automatisch mit ein, dass ich bestimmte Sachen nicht mehr schaffe. Ich wäre ja wirklich dumm, wenn ich ihre Hilfe nicht annehmen würde und somit wunderschöne Treffen mit ihnen verpassen würde.

Umgekehrt helfe ich ihnen ja auch: Ich backe einen Kuchen zum Umzug, passe auf mein Enkelchen auf und so weiter. Es ist ein Geben und Nehmen und meine Kinder fühlen sich wohler, wenn sie wissen, dass ich ihre Hilfe annehme - und das alles ohne große Worte zu verlieren.

Ich bin dankbar, wenn mir eine Freundin oder Nachbarin ihren Arm reichen, wenn meine Beine schlapp werden oder sie mir eine Treppe hinaufhelfen. Ich kann es wirklich mittlerweile einfach so annehmen. Wirklich einfach so. Dafür kann ich bei einer anderen Gelegenheit unterstützend wirken: Beispielsweise zuhören, wenn es ihnen nicht gut geht, ihnen bei andern Dingen helfen, die mir nicht wehtun.

Meine Lebensqualität steigt dadurch, dass ich es zulasse, dass man mir Hilfe anbietet. Wenn das noch ganz selbstverständlich geschieht, ist es umso schöner.

> Mich tröstet dann immer folgender Gedanke: Wie würde ich umgekehrt reagieren, wäre ich gesund und der andere beeinträchtigt?

Die klare Antwort: Ich würde das Gleiche tun. OHNE einen Gegengefallen zu erwarten! Einfach so!

Und manchmal wächst man auch über sich hinaus, wenn man selbst Hilfe GEBEN kann, aber genauso kann man es genießen, wenn man Unterstützung erhält. Je selbstverständlicher sie ist, umso besser.

Und ich finde es auch rührend – denn auch das ist Hilfe – wenn Freunde meine Beeinträchtigungen mit einplanen und sogar schon im Vorfeld überlegen, wie wir sie jeweilige Situation meistern könnten!

Das macht man ja umgekehrt genauso, oder? Ich weiß beispielsweise, dass ich keine Stühle und Tische schleppen kann, um bei Familie oder Freunden eine Feier vorzubereiten. Aber ich kann dafür einen Kuchen beisteuern und entlaste die Gastgeber dadurch auch!

Das heißt also, um Lebensqualität zu haben und zu gestalten, müssen wir lernen Hilfe anzunehmen.

Denn Lebensqualität ist ein Ausdruck dafür, dass wir unser Leben so gestalten, dass wir es genießen können. Und zwar im Rahmen unserer Möglichkeiten. So, dass wir glücklich und zufrieden sind! Wenn ich das erlebe, dann kommt auch eine große Dankbarkeit für das was ich HABE auf. Dann wird man wieder optimistischer und kann sogar Pläne schmieden. Vielleicht auch mit Hilfe von anderen! ☺

Wenn wir diese Sicherheit erlangt haben und dies erkennen, dann können wir darauf aufbauen.

Ich weiß, oder ahne, dass mir liebe Menschen, wie auch meine (Schwieger)- Kinder und Freunde/Familie gerne helfen, damit sie auch etwas dazu beitragen können, dass es mir gut geht. Es ist in manchen Bereichen so schwer chronisch Kranken zu helfen. Ich ertappe mich selbst dabei, wie ich manchmal sage: „Mir ist nicht zu helfen!". Mein Leben an sich muss ich alleine meistern, aber ich kann es mir einfacher machen: Ich kann mir helfen lassen bei Dingen, die für andere eine Kleinigkeit sind und für mich aber einen enormen Nutzen haben.

Wenn ich beispielsweise schön shoppen gehen möchte und auch mal etwas anderes sehen mag, dann würde ich das alleine überhaupt gar nicht hinbekommen. Allein der Weg „dorthin" ist für mich, wenn ich selbst lange Strecken alleine Auto fahren muss, ein Hindernis. Dann dort einen schönen Tag zu erleben und danach noch alleine nach Hause fahren zu müssen: Ein Unding! Wenn mich aber meine Tochter oder eine Freundin begleitet, die Fahrten übernimmt und ich nur „dabei sein" zu brauche, dann spare ich so viel Energie und Kraft, dass ich sie dann auch tatsächlich für den Ausflug, das Shoppen beispielsweise, habe. Ich würde mich um ein wundervolles Erlebnis bringen, würde ich keine Hilfe annehmen. Noch dazu würde ich meine MS enorm überfordern und das könnte fatale Auswirkungen haben.

Ich beschreibe das so ausführlich, weil es einfach unser Alltag ist und es so erleichternd sein kann, wenn man Hilfe bekommt.

Auch, sich an eine helfende INSTITUTION zu wenden, ist schon „Hilfe annehmen"! Es ist ein wichtiger Schritt, weil wir uns dann mitteilen und unsere Last etwas teilen, verteilen und sie so weniger schwer wird.

Natürlich kann es eine enorme Überwindung kosten, wenn man sich sonst nie Hilfe zugestanden hat, dann plötzlich um Unterstützung zu bitten. Aber es ist einen Versuch wert, der ja auch in kleinen Schritten vonstattengehen kann – es müssen nicht immer gleich riesige Sprünge sein!

Das bedeutet aber, dass man sich selbst wichtig genug empfindet, um diesen Schritt zu gehen. Man muss sich sagen: „**ICH bin wichtig genug, ich bin es WERT!**". Das heißt, wir müssen dringend lernen, dass wir GUT für UNS sorgen! Das betrifft die Pflege unseres Körpers ebenso, wie die Pflege unseres Seelchens!

Und so kommt auch die Angst vor Veränderung zu Stande: Wir schätzen unsere eigenen Fähigkeiten mit neuen Situationen umzugehen einfach zu gering ein. Deshalb müssen wir lernen, die Verantwortung dafür und für uns selbst zu übernehmen und zu tragen.

Was ist ANGST?

Laut „Wikipedia" bedeutet Angst: „**Angst** ist ein Grundgefühl, welches sich in als bedrohlich empfundenen Situationen als Besorgnis und unlustbetonte Erregung äußert. Auslöser können dabei erwartete Bedrohungen etwa der körperlichen Unversehrtheit, der Selbstachtung oder des Selbstbildes sein." (https://de.wikipedia.org/wiki/Angst / Stand Februar2018)

Oder sie wird als ein „beengender und bedrängender" Zustand beschrieben.

Angst ist der Oberbegriff für eine Vielzahl von Gefühlsregungen, deren Gemeinsamkeit auf einer Verunsicherung des Gefühlslebens beruht. Der Psychoanalytiker Fritz Riemann unterscheidet verbundene „Grundängste" des Menschen und beschreibt sie unter anderem als die „Angst vor Veränderung", die „Angst vor der Endgültigkeit".

Und somit hätten wir das Phänomen der Ängste von chronisch Kranken (wie beispielsweise von MS`lern) auch geklärt. Unsere Gefühlsregungen und die daraus resultierenden Ängste vor Veränderung unseres Lebens- und Gesundheits-Zustandes und vor allem vor der Endgültigkeit jener Veränderung sind einfach da und real.

Wie oft bekomme ich gesagt: „Ach, mach Dir doch keine Gedanken, ich kann auch morgen von einem Auto überfahren werden!".

Einmal abgesehen davon, wie unfeinfühlig mein Gegenüber in diesem Moment mit meinen ausgesprochenen Ängsten umgeht und wie wenig er sie respektiert: Ja, das kann Jedem passieren, MIR auch. Aber mir noch zusätzlich (!!!) zur MS und der daraus resultierenden ohnehin schon eingeschränkten Lebensweise. Aber vermutlich ist statistisch gesehen die Gefahr, dass ich durch mein nicht mehr stabiles

Gehvermögen noch eher von einem Auto erfasst werde, noch höher - nur mal so nebenbei bemerkt... ;)

Angst hindert uns oft daran Hilfe anzunehmen

Angst ist eine so starke Emotion, dass sie verhindern könnte, dass wir Hilfe annehmen. Deshalb gehe ich hier auch ganz ausführlich auf dieses besondere Thema ein.

Sich seiner Angst zu stellen und sie (eventuell mit HILFE) zu überwinden, das ist das Ziel!

Wege hinaus aus der Angst

Das Gefühl von Angst kennt jeder. Aber was passiert, wenn sie das Leben stark beeinträchtigt? Wie viel Angst ist normal?

Ohne Angst könnten wir nicht (über-) leben, denn sie bewahrt uns davor, zu viel zu riskieren, und treibt uns wiederum in Gefahrensituationen zu Höchstleistungen an.

Aber es gibt auch die Angst, die unsere Seele völlig aus dem Gleichgewicht bringen kann. Das können sein: Angst vor der Zukunft, vor dem Alleinsein oder auch davor, dem Leben nicht mehr gerecht zu werden.

Manchmal sind Ängste klar und deutlich, manchmal nicht greifbar. Und oft sind sie unbegründet, aber umso belastender. ANGST ist ein großes Wort und auf jeden Fall macht es etwas mit uns.

Fakt ist: Angst führt in unserem Körper zu einer heftigen Reaktion. Sie kann uns stärken oder schwächen.

Und wichtig zu wissen ist auch, dass eine Angststörung jeden treffen kann. Wesentlich ist, rechtzeitig etwas gegen die Angstzustände zu tun!

Angst und chronische Erkrankung

Konkreter werden Ängste, wenn es beispielsweise um Angst vor einer Krankheit oder Verschlechterung dieser geht.

MS-Betroffene wissen beispielsweise nicht, wann der nächste Schub kommt. Das bedeutet ein Leben mit der Ungewissheit.

Bei chronischen Krankheiten sind die Ängste oft sehr real und leider auch begründet. Oft schaffen Betroffene es kaum selbst aus diesem Strudel der Angst und dem Schwanken zwischen Angst und Hoffnung heraus zu kommen und geraten in eine Abwärtsspirale. Diese muss behandelt werden und auch hier zählt: Sollte es Ihnen so ergehen, bitte suchen Sie sich ärztlichen und/oder therapeutischen Rat und HILFE!

Wenn Sie als Angehöriger solch eine Tendenz wahrnehmen, kann es hilfreich sein, wenn Sie das Thema ansprechen und auch eventuell (notfalls) vorsichtig mit einem Arzt darüber sprechen. Oft sind Menschen in solch einer Situation nicht mehr in der Lage, sich selbst zu helfen und sich um geeignete Maßnahmen zu kümmern.

Körperliche Symptome der Angst

Die körperlichen Symptome sind sehr vielfältig. Typisch sind Beschwerden wie Herzrasen, Schlafstörungen, Müdigkeit, Konzentrationsmangel, Schweißausbrüche, Zittern, Verspannungen, Schwitzen, Übelkeit.

Die Psyche ist in dieser Situation in einem Zustand höchster Anspannung – bereit, blitzschnell mit Kampf oder Flucht zu reagieren.

Treten diese Symptome längere Zeit auf, können sich daraus Erkrankungen wie Depressionen, Bluthochdruck oder Rückenschmerzen entwickeln. Am besten ist es daher, der Ursache für den Unruhezustand auf den Grund zu gehen und einen Arzt aufzusuchen.

Körperliche Reaktionen bei Angst

„Die körperlichen Symptome der Angst sind normale (also nicht krankhafte) physische Reaktionen, die bei (einer realen oder phantasierten) Gefahr die körperliche oder seelische Unversehrtheit, im Extremfall also das Überleben sichern sollen. Sie sollen ein Lebewesen auf eine Kampf- oder Flucht-Situation vorbereiten:

- Erhöhte Aufmerksamkeit, Pupillen weiten sich, Seh- und Hörnerven werden empfindlicher
- Erhöhte Muskelanspannung, erhöhte Reaktionsgeschwindigkeit
- Erhöhte Herzfrequenz, erhöhter Blutdruck
- Flachere und schnellere Atmung
- Energiebereitstellung in Muskeln
- Körperliche Reaktionen wie zum Beispiel Schwitzen, Zittern und Schwindelgefühl
- Blasen-, Darm- und Magentätigkeit werden während des Zustands der Angst gehemmt
- Übelkeit und Atemnot treten in manchen Fällen ebenfalls auf
- Absonderung von Molekülen im Schweiß, die andere Menschen Angst riechen lassen und bei diesen unterbewusst Alarmbereitschaft auslösen

Neben diesen individuellen Reaktionen hat das Zeigen von Angst etwa durch den charakteristischen Gesichtsausdruck oder durch Sprache gegenüber anderen den sozialen Sinn, um Schutz zu bitten." (Quelle: https://de.wikipedia.org/wiki/Angst)

Angst vor Verlust der Gesundheit

Der Verlust von Gesundheit ist in unserer Gesellschaft ein ernst zu nehmendes Handicap, weil man einfach nicht mehr so leistungsfähig ist, wie ein vergleichbar Gesunder. Das kann Abhandenkommen von Jobs bedeuten, Verlust von Verantwortung und vieles mehr! Damit haben viele Behinderte zu kämpfen.

An einer Krankheit wie MS zu leiden, die zwar nicht tödlich verläuft, aber doch zur Zeit noch UNHEILBAR ist und sich stündlich verschlechtern kann; eine Krankheit, bei der man nicht weiß, ob man am kommenden Morgen noch im gleichen körperlichen Zustand aufwacht, in dem man eingeschlafen ist; eine Krankheit, bei der man am Morgen nicht weiß, ob man bis abends noch diesen Zustand halten konnte... - solch eine Krankheit zehrt an den Nerven (im wahrsten Sinn des Wortes) und das macht ANGST: **Schlicht und ergreifend Angst.**

In meinem Fall ist es so, dass ich die Angst gut im Griff habe und sie keine Priorität einnimmt. Das ist sicher Teil meiner Lebenshaltung, aber auch Glück, dass ich einfach ein unverbesserlicher Optimist bin. Allerdings gibt es auch Tage, da überfällt sie mich scheinbar „grundlos", ohne konkreten Auslöser.

Ich habe gelernt abzuwarten, keine Panik zu bekommen – mir Ruhe zu gönnen und mich in Geduld zu üben.

ANGST

Mit ANGST zu leben, ist wie von Deiner inneren Stimme verfolgt zu werden:

Sie kennt all Deine Unsicherheiten und nutzt sie gegen Dich!

Es liegt aber an DIR, wieviel MACHT Du ihr einräumst!

by MULTIPLE-ARTS.com

Die Angst annehmen

Ich nehme meine Angst an, ich kann sie verstandesmäßig „begründen". Aber ich kann mich auch kurzfristig mal in meiner Angst verkriechen und male mir dann all die Horror-Szenarien aus: „Morgen sitze ich im Rollstuhl, kann nicht mehr sehen und meinen Körper nicht mehr aufrecht halten, noch dazu eine heftige Inkontinenz, das Sprechen wird nicht mehr funktionieren" und Vieles mehr!

Konfrontation mit der Angst

Das nenne ich dann „meine Konfrontation mit der Angst": Ich schaue ihr ins Gesicht, ganz direkt, stelle mich ihr und dann kommt der nächste Schritt: Ich überwinde sie. Ich rufe mich „zur Vernunft", versuche wieder die Kontrolle über mich zu gelangen und mache das, was mich meine MS gelehrt hat: Mich in Geduld üben; mich ablenken und abwarten, bis „es" hoffentlich vorbei ist.

Einfach ist das nicht und es war ein langer Weg bis zu meiner recht guten „Angstfreiheit", aber auf jeden Fall war es ein Weg voller Disziplin zu üben, mich dem zu stellen und etwas dagegen zu tun: Zu handeln!

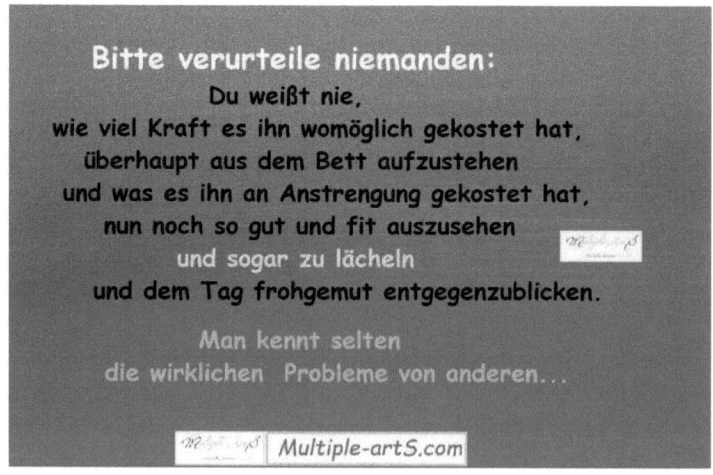

Bitte verurteile niemanden:
Du weißt nie,
wie viel Kraft es ihn womöglich gekostet hat,
überhaupt aus dem Bett aufzustehen
und was es ihn an Anstrengung gekostet hat,
nun noch so gut und fit auszusehen
und sogar zu lächeln
und dem Tag frohgemut entgegenzublicken.

Man kennt selten
die wirklichen Probleme von anderen...

Multiple-artS.com

Wird man krank vor lauter Sorgen?

Ein Grund von Ängsten ist der Verlust von Sicherheiten.
Angsterkrankte sind allerdings permanent in Sorge. Dabei ist der Anlass oft nachvollziehbar, das Ausmaß aber nicht. Die Angst schränkt Betroffene im Alltag ein, lässt sie leiden. Deshalb kann man wohl vor lauter Sorge krank werden. Und Sorgen und Beklemmungen können sich zu einer Angststörung auswachsen.

Körper und Geist müssen im Einklang sein

Noch dazu sind Geist und Körper meiner Meinung nach niemals getrennt voneinander zu betrachten. Ich bin der festen Überzeugung, dass sie im Einklang, in einer guten Balance sein müssen, damit beide zusammen funktionieren können.

Sie sind keine zwei voneinander getrennten Dinge, sondern tatsächlich sind beide untrennbar verbunden. Denn nahezu alles, was unser Körper tut, wird mittels Signalen aus Gehirn und Rückenmark gesteuert oder reguliert - dem Zentralnervensystem (ZNS).

Die Verbindung von Körper und Geist

„Wissenschaftler sind sich seit langem im Klaren über die Verbindung zwischen Körper und Geist im Hinblick auf Krankheiten, und eine Reihe von Studien hat bereits gezeigt, wie der Geist das Immunsystem beeinflussen kann. Eine Studie, in der Medizinstudenten vor und während der Prüfungswoche Blutproben abgaben, erbrachte, dass bei den Studenten die Werte der T-Zellen niedriger waren (Zellen, die eindringende Bakterien angreifen und zerstören), solange sie gestresst waren." (https://www.msundich.de/fuer-patienten/service/living-like-you/lly-artikel/artikel.html?id=191971)

Angst behindert uns im Alltag!

Wer mit einer Erkrankung wie Multiple Sklerose lebt, muss auf viele „Sicherheiten" zwangsläufig verzichten. Wir leben sogar mit sehr vielen Unsicherheiten. Und das macht Angst. Und das ist OK.

Angst zu haben ist ok!

Angst zeigt uns auf deutliche Art und Weise, was uns im Innersten beschäftigt. Und nun kommt es auf uns selbst an: Wir müssen uns der

Angst stellen um sie bewältigen zu können! Es lohnt sich immer, die eigene Angst zu hinterfragen und das zu ergründen, was einem selbst Stress bereitet.

Wenn wir der Angst ins Angesicht blicken, haben wir bereits den ersten wichtigen Schritt in Richtung Heilung unternommen: Wir sind nämlich weder weggelaufen noch haben wir weggeschaut. Das zeigt unsere Bereitschaft hinzuschauen und zu HANDELN!

Herzlichen Glückwunsch! ☺

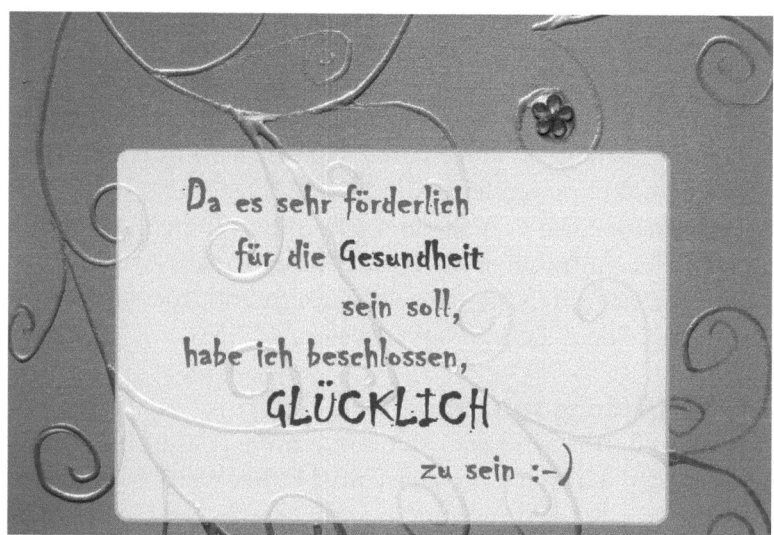

Da es sehr förderlich
für die Gesundheit
sein soll,
habe ich beschlossen,
GLÜCKLICH
zu sein :-)

Wege aus der Angst

Hinzuschauen bedeutet „Wahrnehmen und Annehmen" der Angst und signalisiert, dass wir bereit zum Handeln sind – dass wir bereit sind, Strategien zu erlernen oder anzuwenden, die uns Wege aus der Angst aufzeigen und ebnen. Nicht immer schafft man diesen Weg alleine und sollte sich deshalb auch nicht scheuen, sich professionelle Hilfe zu suchen.

MS bedeutet eins: UNSICHERHEIT! Das heißt, uns wurde am Tag der Diagnose eine gewisse Sicherheit genommen. Die Angst bekam einen Namen: MS! Unsicherheiten sind schwer auszuhalten und bei einer so heimtückischen und unkalkulierbaren Erkrankung erst recht.

Wenn man es erlebt hat, von einem auf den anderen Augenblick blind oder gelähmt zu sein – dann ist es schwer *keine* Angst zu haben.

Angst ist wichtig und ok. Genauso wichtig ist es aber auch, sie nicht übergroß werden zu lassen und rechtzeitig Vorsorge zu betreiben. Ein Körper, der ständig mit Angst lebt, also ununterbrochen auf „Flucht" und „Anspannung" programmiert ist, kann nicht entspannen, kann nicht gesund bleiben. Ein MS-Körper in diesem Zustand muss geradezu erstarren. Das Immunsystem gerät noch mehr aus den Fugen und die Angst, die lähmend wirken kann, lähmt uns dann tatsächlich. Sie sucht sich unsere Schwachstellen aus: Jene Bereiche, die sowieso schon beeinträchtigt sind und das belastet dann doppelt. ☹

Deshalb ist es so wichtig, dass Körper und Seele im Ausgleich sind, im Einklang und in der Balance!

Nur so ist Heilung möglich. Und mit einem geschwächten und vor Angst erstarrten (MS)- Körper lässt sich deutlich schlechter gegen die Angst angehen.

Es gibt niemanden, der uns direkt aus der Angst heraushelfen könnte, das können nur wir ganz alleine schaffen (evtl. mit professioneller Hilfe natürlich). Aber wir müssen bei UNS SELBST beginnen und müssen die Verantwortung für uns selbst übernehmen.

Wir dürfen nicht darauf warten und hoffen, dass von „außen" unsere Angst erlöst wird. Wir selbst haben es in der Hand.

Wichtig zu wissen ist:
- **Die Angst zeigt sich bei jedem Betroffenen anders.**
- **Keiner sucht sich seine Ängste aus!**

Unsere MS-Ängste sind so vielfältig wie die Krankheit selbst

Zum Beispiel: Angst vor Verschlechterung, einem neuen Schub, vor dem „Rollstuhl" und insgesamt vor Mobilitätsverlust, vor Demenz, vor Inkontinenz, vor Hilfsbedürftigkeit und Vielem mehr. Wir haben dann

Angst vor der Zukunft und was uns die MS PLUS das Schicksal ansonsten noch bringen könnten. Und das ist für mich auch der große Unterschied zu Gesunden:

Jeder hat Ängste und jeder kann morgen vom Bus überrollt werden. Das ist aber bei MS kein Trost, denn wir SIND BEREITS gehandicapt und unheilbar krank und ja, auch wir können vom Bus überrollt werden (haha, sogar noch eher, durch unser Stolpern) *Galgenhumor*.

Wir leben nicht im Entferntesten das Leben, das ein Gesunder lebt, falls er morgen vom Bus überrollt wird. Wir haben bis dahin schon mit zum Teil sehr starken und schweren Einschränkungen gelebt – leben müssen.

Wer es, wie bereits erwähnt, erlebt hat, von jetzt auf gleich eine vielleicht bleibende Beeinträchtigung erlitten zu haben, der hat allen Grund, ängstlich zu sein. Und doch bin ich fest der Meinung, dass wir es lernen können, mit dieser Angst zu leben. Wir müssen es lernen, oder haben wir eine andere Wahl? ICH möchte es lernen und bin auf diesem Weg, denn ich möchte mein eingeschränktes Leben genießen können – möglichst angstfrei. Ich möchte lebendig sein und nicht vor Angst gelähmt!

Also hinein ins Leben, hinein in die Krankheitsbewältigung und lasst uns gegen diese Angst etwas tun! ☺

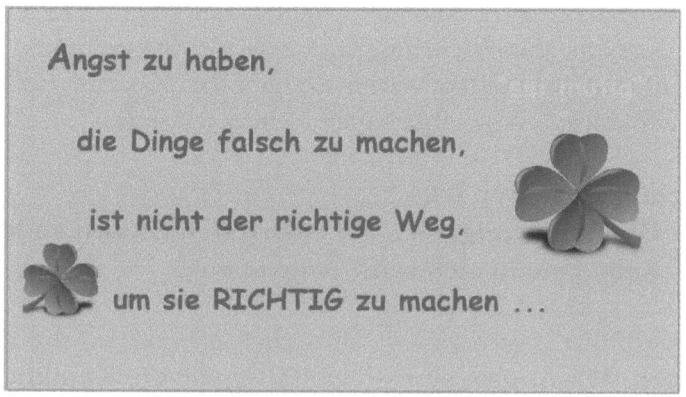

Angst zu haben,

die Dinge falsch zu machen,

ist nicht der richtige Weg,

um sie RICHTIG zu machen ...

Anmerkung: Ich schreibe hier von „normalen" Ängsten. Schwere und häufige Angstzustände gehören in die Hände eines erfahrenen Arztes und Therapeuten!

TIPPS der Angst zu entkommen

Es gibt natürlich keine Wundermittel und auch nicht „DEN" Tipp.
Ich habe viel recherchiert und hier mal zusammengetragen, was man beachten und schon präventiv betreiben oder auch als „Erste Hilfe" anwenden kann.
Aber noch einmal zur Erinnerung:

> **Sich Hilfe zu suchen, ist kein Zeichen von Schwäche, sondern ein klares Zeichen dafür, dass man gewillt ist sein Leben in die Hand zu nehmen!**

Der erste Schritt besteht deshalb erst einmal darin inne zu halten, sich der eigenen Situation bewusst zu werden und zu erkennen, was eigentlich mit einem selbst los ist - um sich dann der Angst zu stellen.
Es ist wichtig sich keine Selbstvorwürfe zu machen. Das ändert nämlich nichts, sondern verstärkt die Angst womöglich nur noch. Es ist nun mal so und das gilt es zu akzeptieren
Die Angst als Feind zu sehen ist nicht hilfreich. Besser ist es, die Angst als das zu sehen, was sie ja auch ist: Als eine Art **Warnzeichen!** Denn immerhin macht sie uns doch auf Situationen aufmerksam, die für uns unerträglich, traurig oder gefährlich sind. Und sie ist in diesem Fall ein Indikator dafür, dass etwas gerade nicht stimmt in unserem Leben…
In meinem Buch „Die Reise zum Glück" habe ich viele Tipps gegeben, unter anderem gegen negatives Denken: Es hilft beispielsweise, sich jeden Abend 5 Gründe aufzuschreiben, die an diesem Tag gut gelaufen sind, worüber wir uns gefreut haben und worauf wir stolz sein können. Das hilft, seine Gedanken auf das Positive zu richten und somit die „Angst" schon vorher beim „Schopfe zu packen" und macht tatsächlich glücklich und selbstsicherer. Oft fokussieren wir die negativen Dinge und Erlebnisse und das ist schade. Immerhin hat ein Tag 24 Stunden und es werden täglich nicht volle 24 Stunden erfolglos sein, in denen wir nur Negatives erfahren, nicht lachen oder nicht positiv sein können. Es hilft wirklich - probieren Sie es mal aus, denn auch wenn es nur Kleinigkeiten sind, wird es immer Dinge geben, die uns erfreuen! ☺

Prävention /Vorsorge gegen Ängste

Prinzipiell ist es sinnvoll, sich seiner aufkeimenden Angst zu stellen. Man kann sein Leben so gestalten, dass man lernt, sich über die kleinen Dinge zu freuen, sich Pausen gönnt und mehr im „HIER und JETZT" lebt. Wenn man die Gegenwart mehr genießen kann, stabilisiert das und nimmt kleinen Ängsten den „Wind aus den Segeln"!

Auszeiten während des Alltags und des Tagesablaufes einzuplanen, diese sich auch schön zu gestalten (Kaffee, Musik) – das tut der Seele gut.

> **Eine glückliche Seele ist nicht so schnell ängstlich und weiß sich zu helfen.**

Dazu gehört auch, sich ab und an etwas Schönes zu gönnen. Man kann überlegen, was einem GUT tut.

Des Weiteren sind soziale Kontakte sehr wichtig. Denn wer über seine Ängste sprechen kann, überwindet sie viel leichter.

Entspannende Techniken wie Meditation oder progressive Muskelentspannung sind ebenfalls hilfreich, sowie auch autogenes Training.

Liste erstellen:

Wer meine Blogbeiträge und auch Bücher kennt weiß, dass ich ein Fan vom Aufschreiben bin: Wenn man sich Listen erstellt, welche Ängste einen plagen und was man umgekehrt völlig angstfrei erlebt, dann stellt man sich seinen Gedanken, nimmt sie wahr und kann HANDELN.

Denn erstens sind ständige Selbstzweifel nicht gut und machen noch dazu besonders anfällig für Ängste und zweitens bringen sie „Körper, Geist und Seele" aus dem Gleichgewicht.

Das heißt also: Man kann sich seine Ängste und Sorgen notieren, aber auch seine NICHT-Ängste und vor allem sollte man sich in diesem Zuge auch mal seine VORZÜGE notieren. Man staunt dann oft, dass man doch nicht nur aus Angst besteht, sondern mutig ist und/oder stark. Das darf man sich jederzeit anschauen - vor allem aber, wenn eine Angst emporkriecht. Man selbst ist nicht die Angst, so wie wir auch nicht unsere Erkrankung sind! Wir sind Menschen mit MS (…) und mit

Angst, aber wir bestehen nicht daraus. Das ist der Unterschied. Als Mensch haben wir Qualitäten, Vorzüge und enorm viele Stärken. ☺

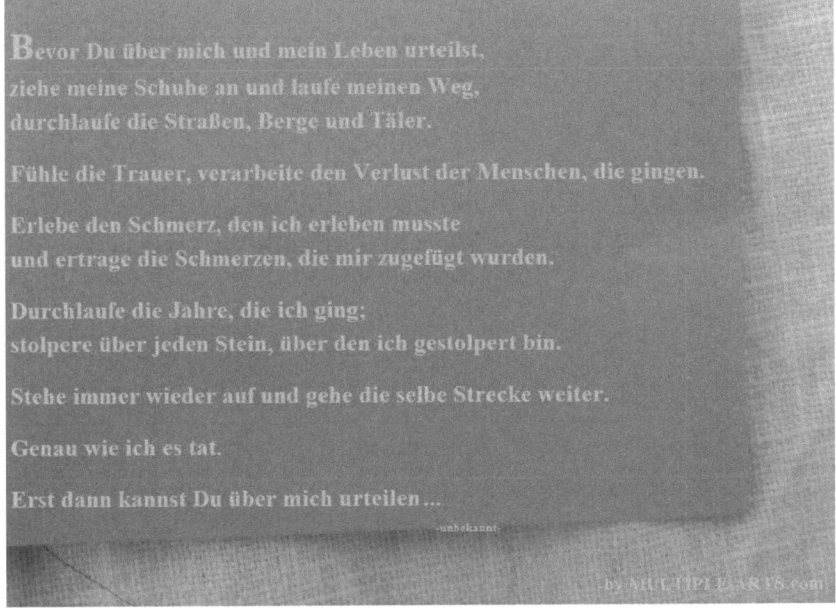

Bevor Du über mich und mein Leben urteilst,
ziehe meine Schuhe an und laufe meinen Weg,
durchlaufe die Straßen, Berge und Täler.

Fühle die Trauer, verarbeite den Verlust der Menschen, die gingen.

Erlebe den Schmerz, den ich erleben musste
und ertrage die Schmerzen, die mir zugefügt wurden.

Durchlaufe die Jahre, die ich ging;
stolpere über jeden Stein, über den ich gestolpert bin.

Stehe immer wieder auf und gehe die selbe Strecke weiter.

Genau wie ich es tat.

Erst dann kannst Du über mich urteilen...

unbekannt

Tipps gegen Angst-Attacken

Während einer Angstattacke kann man versuchen

- tief ein- und ausatmen (ruhig zu atmen)
- etwas zu kauen, wie Kaugummi oder Mandeln/Nüsse, denn kauen baut Stress ab und entspannt
- sich das STOPP-Wort laut und deutlich vorsagen
- sich ein Gummiband ans Handgelenk anziehen und es so lange schnappen/ziepen lassen, bis die Angst weniger wird
- etwas Kaltes trinken – das erfrischt und regt den Organismus an
- mit seinen Ängsten zu „sprechen": „Hallo, da bist Du ja schon wieder!" – das nimmt den Druck
- sich mehr ins Außen richten, sich um- und abzulenken mit dem Betrachten eines Vogels, Hauses, von Menschen und Bussen usw.
- sich etwas Gutes tun: Z.B. Musik hören, singen, tanzen, telefonieren, malen und Vieles mehr
- sich bewegen

Wichtig ist:

> **Es sind nicht die Symptome, die einen Angstanfall auslösen, sondern lediglich die BEWERTUNG der Symptome durch uns selbst!**

Das Leben
ist wie eine Leinwand.
Du kannst Dir
jeden Morgen aussuchen,
ob Du am alten Bild
weiter malen möchtest,
oder ob Du ein
neues Gemälde beginnst ...

by multiple-arts.com

Ich möchte noch auf das Thema Abgrenzung eingehen, da es meiner Meinung nach direkt mit Hilfe Annehmen- und Geben zu tun hat. Nur wenn sich beide Seiten sinnvoll und liebevoll abgrenzen können (also auch für sich SELBST sorgen können), kann Hilfe produktiv und nachhaltig angenehm sein. Nur wenn man weiß, dass der andere auch NEIN sagen KANN und DARF, ist man SICHER, dass es ehrlich und wahrhaftig gemeint ist - und kann sich somit aufeinander VERLASSEN!

Nur wer sich sicher auf den anderen verlassen kann, kann auch in RUHE die Hilfe annehmen.

Wenig praktizierte Abgrenzung bedeutet oft, dass die Gefühle anderer für uns zur Last werden. Wenn wir unter ihnen leiden und sie uns unsere seltene Energie rauben - dann ist es wirklich höchste Zeit, dass wir lernen, uns sinnvoller und besser zu **schützen** und abzugrenzen.

Abgrenzung ist wichtig für die Stärkung des Selbstwertes.

Warum sollte man sich abgrenzen?

1) Wenn man Grenzen setzt, entwickelt man dauerhaft (auch auf Grund der positiven Erfahrungen damit) ein gesundes Selbstbewusstsein und verringert dadurch unangenehme Emotionen wie Angst, Scham und Depression

2) Es beugt Ärger vor

3) Abgrenzen ist beziehungsfördernd! Das heißt, klare Abgrenzung tut einer Beziehung jeglicher Art gut. Denn jeder ist

dankbar für eine klare Ansage und kann sich darauf verlassen, dass man für sich selbst sorgt

4) Verringert soziale Abhängigkeiten

5) Es stärkt unsere Identität: Denn Abgrenzung schafft Achtung voreinander, da es auch ein Akt des Mutes ist!

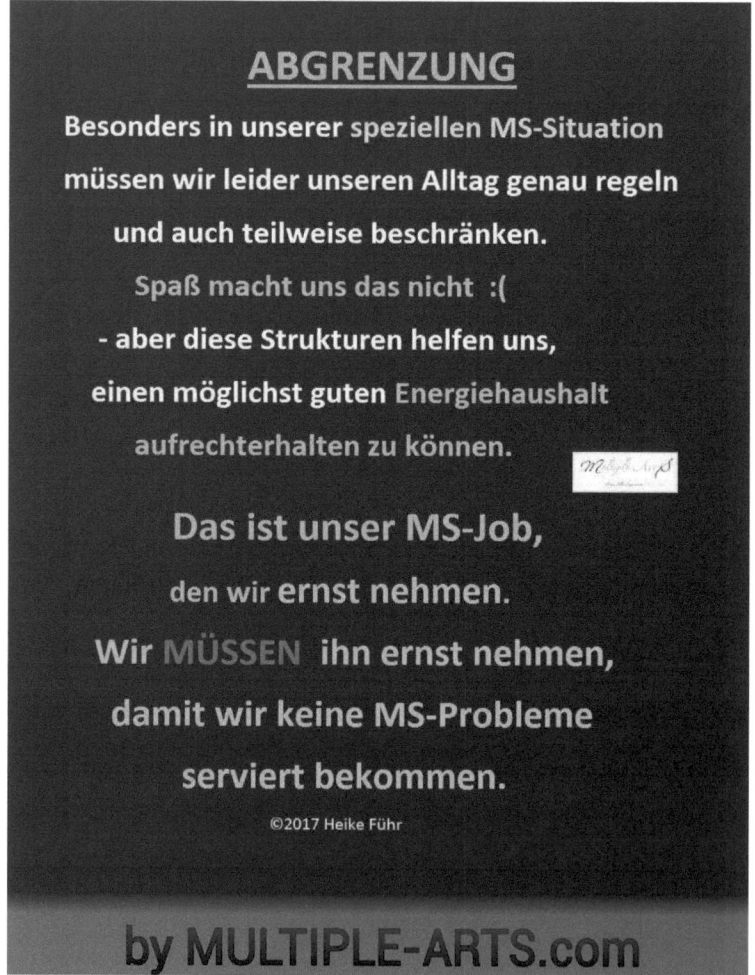

Warum kann man sich so schlecht abgrenzen?

Warum sagen wir so oft „JA", obwohl wir eigentlich „Nein" meinen?

Das kennt sicher fast jeder! Was steckt dahinter?

Ich führe ein paar Punkte auf, da es wichtig ist, sich deren einfach BEWUSST zu werden und zu sein. Wissen ist Macht und diese „Macht" brauchen wir für uns selbst – um uns auf den richtigen Weg zu bringen, um uns in Einklang zu bringen! Wir müssen lernen, sehr bestimmt für uns selbst zu sorgen und gleichzeitig auch die Bedürfnisse des Gegenübers ernst zu nehmen.

Wichtig ist aber auch Folgendes: Auch mit Abgrenzungen sind Kompromisse möglich. Sich entgegen kommen zu wollen, ist ebenfalls ein wichtiges Instrument im sozialen Miteinander! ☺

1) Oft ist mit einem Nicht-Abgrenzen-Können die Angst vor sozialem Ausschluss verbunden. Der Mensch hat einfach ein Grundbedürfnis nach sozialen Kontakten und möchte beliebt sein und nicht ausgegrenzt werden

2) Manchmal empfinden wir diffuse Schuldgefühle, wenn wir uns anderen gegenüber abgrenzen. Im schlimmsten Fall fühlen wir uns noch für deren Gefühle verantwortlich

3) Angst vor Verlust! Wir denken, dass wir den Kontakt zu anderen verlieren oder eine Trennung bevorsteht, wenn wir uns abgrenzen. Das muss natürlich nicht zwangsläufig so sein und wäre auf keinen Fall ein guter Berater: Nur um Kontakte halten zu wollen, sich selbst ewig zurückzustellen - das kann nicht die wahre Lebensphilosophie sein und man macht sich noch dazu abhängig von dieser Person. Meistens wird man eher geschätzt und voller Respekt behandelt, wenn man sich sinnvoll abgrenzt

4) Zu viele Gedanken darüber, was der Andere über uns denken könnte kommen auf, wenn wir uns abgrenzen möchten (ob wir zu kalt, gefühllos, egoistisch, faul, unsensibel, uvm. seien). In einer guten stabilen Beziehung macht dieses „Nein" keinen

Unterschied. Abgrenzung ist in jeder Beziehung wichtig, denn sie stärkt unsere Identität und sogar die Verbundenheit. Denn die Freude und Dankbarkeit zu wissen, dass der andere für sich sorgt, knüpft ein festes vertrauensvolles Band

5) Menschen, die sich nicht abgrenzen, haben oft ein sehr hohes Einfühlungsvermögen, eine ausgeprägte Empathie. Dadurch sind sie anfälliger, die Verantwortung für die Bedürfnisse anderer zu übernehmen.

Eine zentrale Frage ist hier immer:

➤ Bin ich bereit, für eine NICHT-Abgrenzung auf Eigenständigkeit zu verzichten!?!

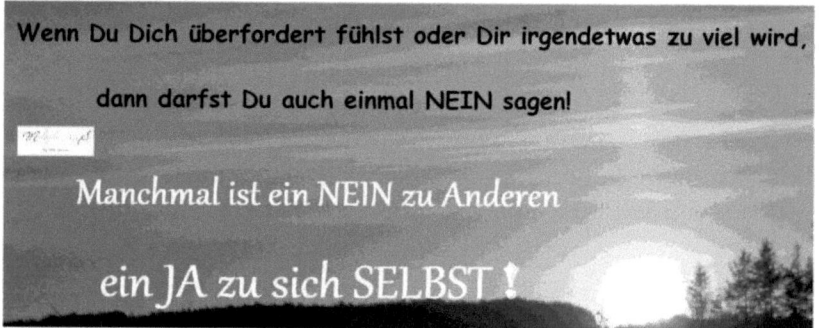

Wenn Du Dich überfordert fühlst oder Dir irgendetwas zu viel wird, dann darfst Du auch einmal NEIN sagen!

Manchmal ist ein NEIN zu Anderen

ein JA zu sich SELBST!

Wie lerne ich „Nein" zu sagen?

Sich abgrenzen zu wollen ist ein intensiver Lernprozess und er kann Jahre dauern (oder gar ein Leben lang)! Die erste Falle ist, dass man sich vor lauter Eifer gleich zu sehr abgrenzt. Aber dieses Üben und aus Fehlern zu lernen gehört zum Leben dazu!

Es gibt unterschiedliche Methoden und die ganze Bandbreite hier aufzuführen, würde den Rahmen sprengen, deshalb fasse ich ein paar wichtige Infos zusammen:

- Im Falle einer echten Grenzüberschreitung uns gegenüber sollten wir sofort kurz und prägnant ohne lange Erklärung NEIN oder STOPP sagen!

- Kompromisse: „Das passt mir heute gar nicht, aber würde es bei Dir auch morgen gehen?"

- Eine klare Begründung: „Ich kann momentan einfach nicht, weil ich Zeit zum Entspannen und für mich brauche." Oder: „Ich möchte nicht, weil ich Zeit mit meiner Familie verbringen mag."

- Wenn uns unser Bauchgefühl „Nein" sagt, ist es am besten, dieses „Nein" auch sofort zu kommunizieren, bevor wir innerlich in einen Konflikt geraten.

  ➢ **Wichtig ist, dass wir uns immer wieder realisieren, dass es unser GUTES Recht ist, für uns selbst zu sorgen. (Selbstfürsorge).**

Aus diesem Grund muss man sich bei einem NEIN auch nicht immer rechtfertigen oder gar entschuldigen. (Eine Entschuldigung bringt immer auch die Kehrseite mit sich, dass man sich plötzlich unsicher oder schuldig fühlt).

Es ist auch immer wichtig, welchen Ton man für eine Ablehnung wählt (der Situation wie oben beschrieben natürlich angepasst). Anklagen und Vorwürfe helfen selten weiter, aber ein „Tut mir leid" hört sich gleich ganz anders an und zeigt dem anderen, dass man zugehört hat und somit auch Anteil nimmt.

Man kann auch auf jemand anderen verweisen, der sicher gerne helfen würde (bei Kollegen beispielsweise).

Wenn mich jemand fragen würde, ob ich beim Umzug helfen kann, würde ich beispielsweise erst einmal fragen, wie er sich das vorstellt. So könnte ich abtasten, ob er meine Beeinträchtigungen mit einbezogen, vergessen oder ausgeklammert hat. Denn ich kann ganz bestimmt keine Möbel schleppen oder mehrfach ein Treppenhaus hoch und runter laufen. Aber ich könnte einen Salat vorbereiten und in der neuen Wohnung ein bisschen für ein geregeltes Chaos sorgen! ;)

Das heißt, es ist wichtig herauszufinden, was genau der andere von uns möchte. Wenn man kein Interesse am Helfen beim Umzug hat (aus welchen Gründen auch immer), kann man natürlich auch klar mit Nein antworten und/oder sagen, dass man das nicht schaffen würde.

Wenn ein „Nein" aber vom Gegenüber partout nicht akzeptiert wird, (auch wenn man sich wertschätzend geäußert hat), was dann?

Nun kommt es sicherlich auf die Person an (wie nahe man sich steht) und auch auf die Situation an sich (wie wichtig ist es mir?).

Bei Grenzüberschreitungen und/oder verletzenden Äußerungen wird man die Notbremse ziehen müssen. Das heißt: Wir bleiben beim Nein und kündigen notfalls klare Konsequenzen an – und diese gehören durchgezogen. Dafür ist es notwendig, sich Gedanken um diese Konsequenzen zu machen. Denn wenn man sagt, man würde den Kontakt dann lieber abbrechen, macht man sich unglaubwürdig, wenn man demjenigen doch hinterher rennt.

Aus diesem Grund schreibe ich diese Info hier auch – denn wenn man in seinen Äußerungen klar sein möchte und Konsequenzen überdenkt und auch äußert, muss man sich deren auch sehr bewusst sein.

Das heißt: Es ist notwendig, dass wir uns und erlebte Situationen immer wieder REFLEKTIEREN, dass wir sie Revue passieren lassen und überlegen, wie wir noch hätten reagieren können. Es geht hier nicht um Wertung, sondern darum, dass man sich und seine eigenen Grenzen und Einstellungen besser kennenlernt.

Als „Reserve" kann man bei jeder Frage, die einem entgegengebracht wird, sowieso immer antworten, dass man am nächsten Tag oder am Abend Bescheid gibt, weil man noch einiges abklären muss. Ein unter Druck gesetzter Mensch ist selten in der Lage für sich einzustehen und die richtigen Entscheidungen zu treffen. Also: Nicht übereilt agieren, sondern abwarten, Zeit verstreichen lassen, bis sich die Aufregung wieder beruhigt hat - so verschafft man sich Zeit zum Nachdenken! ☺

Man darf sich auch im Nachhinein korrigieren – immer und jederzeit. Es ist nicht schlimm zu sagen: „Das ging mir jetzt irgendwie alles zu schnell. Ich habe es mir noch einmal richtig überlegt...".

Und ebenfalls gut zu wissen ist, dass wir alte Ängste, Impulse und Verhaltensmuster nicht völlig aus unserem System löschen können und vor allem nicht „auf die Schnelle"! Solche Lernprozesse brauchen einfach viel Zeit und GEDULD! Und es braucht unsere Bereitschaft, uns nicht in eine zu starke Erwartungshaltung uns selbst gegenüber (und auch anderen gegenüber) zu begeben. Das schadet uns nur und ist kontraproduktiv!

Oft ist einfach auch die Einsicht nötig, sich einzugestehen, dass nicht alles machbar ist – das heißt, man muss lernen, seine Stärken und Schwächen zu akzeptieren!

Ich glaube tief, dass es sich wirklich lohnt, wenn man von mangelnder Abgrenzungsfähigkeit betroffen ist, einen guten Lern- und Entwicklungsprozess anzustreben. Selbst als reifer Erwachsener kann es wie eine Befreiung erlebt werden, wenn man erfahren hat, wie schön es ist, sich auf sich selbst verlassen zu können und somit gelernt hat, klare Grenzen zu setzen. Dies ist ein Gewinn für sich selbst und für andere!

Und ganz wichtig ist Folgendes: Wir schaffen es auch bei all dem Training nicht, uns immer (sinnvoll) abzugrenzen. Wir sind Menschen und wir machen Fehler – aber um daraus zu lernen! ☺

> **Es ist ok, wenn man es nicht geschafft hat, sich abzugrenzen!**

Man hat für das nächste Mal etwas dazugelernt! ☺

Wenn man sich überfordert fühlt,
oder einem auch einmal etwas zu viel wird,
dann darf man auch mal
ein klares "NEIN" aussprechen
und an sich selbst
und seine eigenen Bedürfnisse denken.

Manchmal ist ein NEIN

zu ANDEREN

ein JA zu

SICH SELBST!

Sich selbst die Erlaubnis zum „NEIN-Sagen" zu geben, ist der erste Schritt!

Unnötige Überlegungen sind beispielsweise:

- Ich bin nicht wichtig genug.
- Ich brauche die Anerkennung von anderen.
- Ich fühle mich verantwortlich für die Gefühle von anderen (wenn ich Nein sage, fühle ich mich schuldig, weil es dem anderen damit schlecht gehen könnte).
- Bin ich egoistisch, wenn ich Nein sage?
- Wird es Konflikte und Streit geben?
- Ich habe Angst den anderen hängen zu lassen.
- Wenn ich nicht helfe, dann hilft mir sicher auch nie wieder jemand!
- Werde ich mehr gemocht, wenn ich ja sage?

Wichtiger ist es uns zu sagen:

→ All diese Gedanken stören nur unser inneres Gleichgewicht und dies baut auch keine positive Beziehung auf.
→ Ich bin genauso wichtig wie der andere!
→ Ich darf Rücksicht auf MEINE Bedürfnisse nehmen!
→ Ich muss kein schlechtes Gewissen haben, wenn ich Nein sage!

Wenn wir NEIN sagen möchten und doch JA sagen, ist es im Endeffekt so, dass wir uns auch schlecht fühlen, denn wir ärgern uns über uns selbst und machen uns noch dazu womöglich Vorwürfe, dass wir so feige waren.

Hinzu kommt noch der Ärger über den anderen, dass er sich so „wenig rücksichtsvoll und so unempathisch" uns gegenüber verhalten hat. Dann plötzlich fühlen wir uns als Opfer und das geht nie gut. Nicht für uns selbst und nicht für die Beziehung.

Aus Erfahrung weiß man, dass es beim ersten NEIN-Sagen bei befreundeten/bekannten Personen oft zu Unverständnis und gar Vorwürfen kommen kann. Man könnte Sie als herzlos oder egoistisch betiteln, oder „Du hast Dich ja so verändert"! Damit muss man zurechtkommen und es aushalten. Dies wird dann nochmal zu einer schweren Aufgabe. Man sollte sich aber nicht rechtfertigen, sondern beharrlich und liebevoll dabei bleiben. Diskussionen bringen nichts.

Mit manipulativen Reaktionen muss man ebenfalls rechnen: „Du lässt mich im Stich, ohne Dich macht es keinen Spaß, Du bist ein Spielverderber!". Wenn man sich bewusst macht, dass dies pure Manipulation ist, wird man schnell selbst merken, dass man sich nicht zum Spielball des anderen machen lassen möchte und muss die „Notbremse" ziehen.

Wir möchten natürlich, dass unser Nein akzeptiert wird. Deshalb macht auch hier „der Ton die Musik". Das heißt, dass man am besten eine besondere Formulierung für die Absage findet und zwar so, dass sich niemand benachteiligt, verletzt oder im Stich gelassen fühlt. Freundlich aber bestimmt zu reden, sowie klar zu sagen, was man will, ist hier von Vorteil. Ausflüchte zeigen nur die eigene Unsicherheit auf. Je überzeugender und deutlicher unser Nein beim Gegenüber ankommt, desto eher wird es akzeptiert. Es hat sich als äußerst positiv für den Gesprächsverlauf erwiesen, wenn man Verständnis für das Anliegen des Gegenübers zeigt. Und trotzdem muss man in der Sache konsequent bleiben und weiterhin klar und deutlich ablehnen. Dann hat der andere auch nicht den Eindruck, als wäre das Nein gegen ihre/seine Person gerichtet.

- **Wir haben nicht nur das Recht, für uns selbst zu sorgen, sondern sogar die Pflicht. Wir dürfen nicht nur „Nein" sagen, sondern müssen es sogar in bestimmten Situationen tun!**

- **Und wieder wird deutlich: Es gibt einen Zusammenhang von Selbstbewusstsein und „Nein-Sagen".**
  Ewigen Ja-Sagern mangelt es an Selbstvertrauen.

Hier noch ein Ausschnitt aus meinem Blogbeitrag:

(http://multiple-arts.com/warum-wir-so-schlecht-nein-sagen-konnen-und-wie-wir-es-schaffen/)

(Es kann sein, dass sich nun Manches etwas doppelt – aber um den Sinnzusammenhang stehen zu lassen, möchte ich es komplett schreiben).

Jeder von uns kennt das, oder? Man möchte NEIN sagen und automatisch kommt ein „Ja" heraus, oder ein „Na klar, mach ich!".
Besonders schlimm wird es ja, wenn man sich nach dem „Ja-Sagen" noch darüber ärgert. Dann ist man wütend auf sich selbst und das zieht uns in eine ungute Spirale. Man fragt sich, warum man es einfach nicht schafft, dieses eine Wörtchen „Nein" auszusprechen, obwohl man es doch eigentlich wollte. Warum ist das so? Warum hat diese leise Stimme in uns, die eigentlich „Nein" sagen möchte, so wenig Überhand, warum wird sie verdrängt?

Warum haben wir offensichtlich Probleme, unsere **eigenen Ansichten und Prioritäten** in bestimmten Situationen höher anzusetzen, als die Meinungen und Prioritäten anderer? Wo bleibt unsere Selbstachtung und Selbstfürsorge, unser Selbst-Bewusstsein?

Oft zahlt man selbst beim ewigen JA-Sagen einen zu hohen Preis: Denn wie häufig überlastet man sich selbst auf Grund der Folgen schlicht und ergreifend oder man verzettelt sich und sein Leben vor lauter Hilfsbereitschaft; verliert den Überblick oder verschwindet selbst im Taumel?

Im Endeffekt ist es sogar oft so, dass Menschen, die ab und an Grenzen setzen, eher respektiert werden, als ewige Ja-Sager. Im Beruf ist NEIN ein oft schwieriges Wort: Wer einer Aufforderung nicht nachkommt, muss womöglich noch befürchten, als faul abgestempelt zu werden, weil er nicht bereit ist, etwas mehr zu tun. Oder er wird als undankbar, unkollegial oder gar inkompetent eingestuft.

Prinzipiell ist eine Bitte um einen Gefallen ein Appell an unsere Hilfsbereitschaft, an unser Pflichtbewusstsein und das wiederum löst unser Bedürfnis nach Anerkennung und Harmonie aus. Die Gefahr dabei ist, dass unser Gegenüber genau dies auch ausnutzen kann. Die Schlinge zieht sich zu.

Warum es uns schwerfällt „Nein" zu sagen

Die Gründe dafür sind vielfältig und können völlig unterschiedliche Ursprünge haben. Klar ist, dass ein gutes Selbstbewusstsein dazu gehört, sich selbst wichtig genug zu nehmen und abgrenzen zu können. Und das kann man nicht im Schnelldurchgang lernen.

Trotzdem möchte ich ein paar einfache Überlegungen und Tipps zusammenstellen. In meinen Büchern „Die Reise zum Glück – der Weg ist das Ziel" und „Hoffnung", sowie „Akzeptanz und Bewältigung chronischer Krankheiten und Depressionen", bin ich detaillierter auf diese Themen eingegangen, denn mein Pädagogen-Herz stolpert unweigerlich im Alltag über diese Themen und meine pädagogische-psychologische Ausbildung lässt mich dann einfach nachforschen. :) Ich kann quasi gar nicht anders. :) Deshalb widme ich mich auch diesen Themen so gerne, denn sie sind meine „Herz-Themen"!

68

MS und NEIN-Sagen

Natürlich ist Ja-Sagen kein MS-Symptom! Aber: Gerade wenn man mit einer chronischen Erkrankung wie MS Stress vermeiden soll, da er unter Umständen einen Schub auslösen oder bestehende Symptome verschlechtern kann, ist es so wichtig, sich selbst nicht noch in Frage stellen zu müssen, sondern möglichst mit sich selbst im Reinen zu sein. Dieser Zusammenhang wird mir immer mehr bewusst. Denn wenn wir uns rundum psychisch wohl fühlen, geht es auch unserer MS (oder anderen chronischen Krankheiten) besser – zumindest nicht schlechter. Sobald wir in die Grübel-Falle geraten oder an uns selbst zweifeln, werden wir traurig oder auch wütend auf uns und das hat selbst bei Gesunden Auswirkungen. Bei uns kann es beispielsweise zu emotionaler Fatigue führen oder auch zu einer Symptomverschlechterung.

NEIN-Sagen – eine Gratwanderung

Es ist ja auch wichtig, dass man die Klarheit besitzt, sinnvoll abzuwägen. Ein notorischer Nein-Sager hat es auch nicht leicht im Leben und schadet im Endeffekt auch sich selbst. Wie also findet man die Mitte? Denn man möchte ja auch nicht immer nur an sich selbst denken – trotzdem ist es manchmal auch notwendig, die eigenen Interessen zurückzustellen.

Die Gratwanderung, sich als Egoist oder als „Schwächling" zu fühlen ist oftmals heikel und schwierig! Aber eins ist klar: Wenn man sich immer nur auf ein JA einlässt, vergisst man sich selbst, degradiert sich selbst ab und macht sich somit weniger wichtig als andere!

Selbstliebe

Klar ist auch, dass Selbstliebe wichtig ist. Nur wer sich selbst genug mag, um sich WICHTIG genug zu fühlen, zu sich selbst, seinen Ansichten, Meinungen, Erfahrungen und Statements zu stehen, kann sich überhaupt abgrenzen.

Eine sinnvolle Abgrenzung ist deshalb auch immer mit Selbstliebe verknüpft. Wir dürfen uns auch gerne aus den (Kindheits-) Glaubenssätzen, wie „Sei nicht so egoistisch!", „Man liebt andere und nicht sich selbst!", oder „Sei nicht so herzlos!" verabschieden! Zu dieser Erkenntnis gehört auch, dass man sich klar macht, dass Menschen, die so etwas zu uns sagen, damit ebenfalls ein Ziel verfolgen: Es passt ihnen nämlich etwas nicht und so versuchen sie uns zu **manipulieren!** Wenn uns dieser Ansatz bewusst wird, können wir uns in einer entsprechenden Situation auch besser abgrenzen.

Warum sagt man „Ja" anstatt „Nein"?

Leider ist es oft so, dass wir schon als Kinder gelernt haben, dass es oftmals einfacher ist „Ja" anstatt „Nein" zu sagen. Darin steckt einerseits der tief verwurzelte Wunsch, dass wir gemocht werden wollen – und häufig haben wir erlebt, dass wir dann geliebt werden, wenn wir „brav" und „angepasst" sind; also JA sagen! Es steckt weiterhin die Angst vor Ablehnung oder Zurückweisung darin, die wir als Kind oft auch als „STRAFE" empfanden. Strafe verbindet man mit negativen Gefühlen - dies haftet fest in uns und das möchte man nicht oft erleben.

Nun kommt es unter anderem sowohl auf die Erziehung, als auch auf den Charakter an, wie man sich aus dieser Schlinge zieht. Im Laufe des Lebens lernt man im besten Falle (oft auch mit Hilfe von Therapeuten), dass man sehr wohl auch mit Zurückweisung leben KANN!

Leider manifestiert sich dann manchmal als Erwachsener die Angst, „was andere von uns denken könnten". Und wieder sitzen wir in der Falle! Denn die Angst, jemandem mit unserem Nein-Sagen zu verletzen, ist oftmals groß und lässt uns JA sagen!

Ängste vor dem Nein-Sagen:

Es gibt noch viele Ängste, auf die ich nun nicht in aller Ausführlichkeit eingehen kann, aber ich liste Euch mal einige auf: Angst etwas zu verändern, Angst vor Schuldgefühlen, Angst etwas zu verpassen, Angst vor dem Alleinsein, Angst nicht dazu zu gehören, Angst vor Ablehnung, Angst vor Konsequenzen.

Im Anschluss möchte ich aber die „Angst vor Konflikten" ein klein bisschen näher beleuchten:

Denn eine sehr große Angst ist diese „Angst vor Konflikten". Da sagt man doch lieber mal schnell JA! Denn das Gegenüber erwartet ja auch kein Nein, sondern ein JA! Das heißt, man fühlt sich dann womöglich noch dazu verpflichtet, sich zu erklären. Und zack ist man wieder in dieser Schlinge.

Natürlich gilt es auch hier gut abzuwägen: Beispielsweise, ob man sich den eventuell anstehenden Konflikt konsequenzfrei leisten kann.

> **Wenn man ein Ja oder ein Nein ausspricht, bekommt man IMMER eine Re-aktion!**

Die Reaktionen können freundlicher oder unfreundlicher Natur sein. Und die Folgen dieser Reaktionen können ebensolche Konsequenzen nach sich ziehen. Diese wiederum muss man aushalten können.

DAS ist die Spirale und diese gilt es bewusst wahrzunehmen, um an sich arbeiten zu können. Man muss sich fragen, ob man Konflikte austragen möchte und ob man Ja sagt, um diesen aus dem Weg zu gehen, oder ob man sich auch einmal entgegenstellt und es auf einen Konflikt ankommen lässt.

Hier dürfen wir uns vergegenwärtigen, dass wir schon VIELE Konflikte überstanden und bewältigt haben – dies darf der Motor dazu sein, mehr zu wagen.

FREUNDE und Beziehungen überprüfen:

Der von Experten so oft zitierte Satz: „**Sortieren Sie die Menschen aus Ihrem Leben aus, die Sie nur mögen, wenn Sie für sie von Nutzen sind!**", ist sicherlich nicht so einfach umzusetzen! Vor allem geht das nur in Bezug auf solche Leute, die man aussortieren kann – also nicht auf Kollegen oder Nachbarn!

Trotzdem ist etwas Wahres dran an diesem Satz, denn gerade Menschen mit chronischen Erkrankungen (aber das gilt auch für Gesunde) sollen Stress vermeiden und möglichst im Gleichgewicht bleiben.

Ich habe mich im Laufe meines (MS-) Lebens auch schon von Freunden getrennt, die mir nicht gut taten. Es waren Seelen-Vampire genauso darunter, wie notorische Nörgler und Pessimisten, als aber auch oberflächliche Menschen, die nicht über ihren Tellerrand hinausblicken können.

Ich hadere heute manchmal noch mit diesen Entscheidungen, obwohl ich weiß, dass sie richtig waren und mir Seelenfrieden gebracht haben. Freundschaften müssen mich erfüllen und auf einem gleichwertigen Miteinander beruhen. Ich habe keine Energie mehr, mich mit Menschen zu beschäftigen, die mir nicht gut tun. Aber auch keine Lust und keinen Nerv mehr! Punkt!

Menschen, die uns aussaugen oder ausnutzen sind keine Freunde – denn hier fehlen die Achtung auf Augenhöhe, die Wertschätzung und der Respekt. (In meinem Buch „FREUNDSCHAFT" bin ich darauf gezielt eingegangen). Manchmal eröffnen sich auch neue Wege und Formen der Freundschaft, die es uns einfacher ermöglichen, an anderer Stelle einen Schlussstrich zu ziehen.

Aber auch hier gehören wieder **Selbstbewusstsein und eine gute Wahrnehmung** zum Rüstzeug, oder aber eine mittlerweile so große Verzweiflung, dass man keinen anderen Weg, als den der Trennung sieht! Das Bewusstsein, dass man viele Beziehungen nur noch aufrechterhält, weil man oben genannte Ängste verspürt, hilft uns klarer zu sehen und auch Entscheidungen zu treffen. Deshalb ist es so wichtig, genau hinzuschauen und zu analysieren, sich selbst gut zu reflektieren und somit die eigenen WICHTIGEN Wünsche und Erwartungen zu ergründen.

Die Angst ist der Knackpunkt!

Angst taucht immer wieder auf, wenn wir die Ursachen für das „Ja-Sagen" recherchieren. Sich darüber Gedanken zu machen und dies wahrzunehmen, ist immer schon der erste Schritt aus dieser „Angst-Spirale" heraus.

Und allein das Wissen darüber, warum es uns oftmals so enorm schwerfällt Nein zu sagen, kann uns in ähnlichen Situation helfen, diese als solche zu erkennen und reflektierter zu handeln und zu antworten!

Man kann natürlich nicht über Nacht angstfrei werden und wie immer appelliere ich, dass man sich eventuell auch professionelle Hilfe sucht.

> ➤ **Hilfe anzunehmen ist immer ein Zeichen von Stärke – niemals von Schwäche!**

Fazit:

Ich selbst muss auch noch viel zum NEIN-Sagen lernen. Deshalb habe ich recherchiert und mich auf die Suche nach Antworten und Erklärungen gemacht, die ich nun auch mit Ihnen teile.

Es lohnt sich mit Sicherheit, sich auf den Weg des Hinschauens und Wahrnehmens zu machen, des Angst-Benennens, der Selbstfürsorge und Selbstliebe, Selbstachtung und auch des Selbstmitgefühls. Wir dürfen es uns WERT sein, auf uns und unsere Bedürfnisse zu achten und uns nicht aus den Augen zu verlieren, wenn es um die Frage: „Ja oder NEIN" geht.

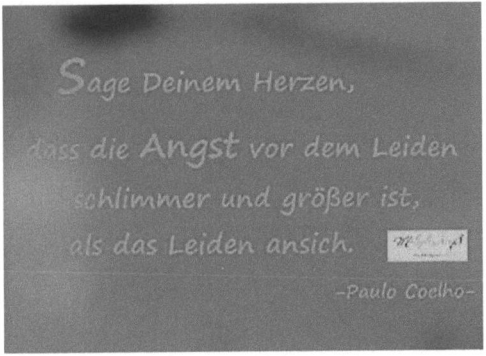

Sage Deinem Herzen,
dass die Angst vor dem Leiden
schlimmer und größer ist,
als das Leiden ansich.

-Paulo Coelho-

Wenn wir im vollen Bewusstsein bei uns sind, wenn wir Situationen oder Entscheidungen langsam angehen lassen, uns Zeit zum Antworten erbitten und dann in Ruhe analysieren können, dann schaffen wir es auch – besonders zu Beginn unseres Trainings – mal eher NEIN zu sagen und uns somit abzugrenzen!

Wir können dann in Ruhe auch Konsequenzen abwägen und Wichtigkeiten versuchen einzuordnen.

Und es gehört zum Leben einfach dazu, dass es passiert, dass wir auch mal andere verletzen oder vor den Kopf stoßen. Sowohl im Beruf, als auch im Privatleben. Das haben wir selbst schon oft genug erlebt und auch wenn wir es nicht möchten, wird es uns ebenfalls schon passiert sein und wieder passieren.

Der Umgang damit und das Miteinander prägen es, wie es nun weiter geht. Die „gute alte Entschuldigung" könnte wieder einmal hervorgekramt werden: Sie würde uns so viele Türen öffnen!

Wenn man sich überfordert fühlt,
oder einem auch einmal etwas zu viel wird,
dann darf man auch mal
ein klares "NEIN" aussprechen
und an sich selbst
und seine eigenen Bedürfnisse denken.

Manchmal ist ein NEIN
zu ANDEREN
ein JA zu

SICH SELBST!

Menschliches

Hier möchte ich ein paar interessante ganz menschliche Infos zusammentragen.

Der Mensch ist ein besonderes Wesen und ohne soziale Kontakte würden wir verarmen. Ein angenehmes Miteinander ist deshalb nicht nur erstrebenswert, sondern einfach auch notwendig.

In Zeiten von Internet ist es zum Glück etwas einfacher geworden Kontakte zu knüpfen – und seien sie auch „nur" virtuell! Aus mancher Facebook-Freundschaft wurde Liebe oder auch Freundschaft. Im realen Leben und in den Facebook-Gruppen findet man auch immer eine liebe Seele, die gerne zuhört oder mit Rat und Tat zur Seite steht. Für MS`ler gibt es unzählige FB-Gruppen und ich freue mich immer, wenn ich mitbekomme wie Freundschaften entstehen. Über E-Mails (Chat) kann man beispielsweise privat in Kontakt treten und sich auch austauschen oder mal „auskotzen"!

Nichtsdestotrotz müssen wir uns meistens an einem bestimmten Punkt im Leben gut selbst reflektieren und uns auch vor Augen führen, dass wir selbst für unser Tun und unsere Gefühle verantwortlich sind. Wir müssen aus der Opferrolle herauskommen und unser Handeln hinterfragen. Wenn wir immer wieder in der gleichen Falle landen oder beispielsweise zu häufig nachgeben, ist die Frage, ob wir dies nur tun, weil wir uns gebraucht und geliebt fühlen möchten. Oder kann man es vielleicht nicht gut aushalten alleine zu sein? Ist man extrem gutmütig und wird womöglich ausgenutzt? Wenn man sich gut reflektiert, auch mal in sich hinein – auf das Bauchgefühl – hört, findet man Antworten. Ob sie uns passen oder nicht! ☺

Wenn man immer gutmütig ist, immer nachgibt, dann hat das nichts mit Toleranz oder Hilfsbereitschaft zu tun, sondern dies bedeutet schlicht und ergreifend, dass man unfähig ist, die eigenen Bedürfnisse wahrzunehmen und sich für sie einzusetzen. Im Umkehrschluss besitzt die Person, die andere ausnutzt, immerhin den Vorteil, dass gleich zwei für ihre Bedürfnisse eintreten: Sie selbst und wir als Ja-Sager! Das muss man sich bewusst machen, denn es ist schon heftig, wenn man es aus dieser Perspektive heraus mal betrachtet!

Auf Dauer wird es zu einer großen Belastung für Körper und Seele, wenn man sich (ständig) ausnutzen lässt. Wenn wir es selten schaffen uns mit einem klaren NEIN abzugrenzen, erwecken wir noch dazu in anderen eine (schreckliche) Erwartungshaltung: „Er/sie sagt sowieso immer JA!". Diese wird dann enttäuscht, wenn wir es schaffen, ein NEIN zu formulieren. Deshalb ist es so wichtig sich frühzeitig gut abgrenzen zu können.

> **Wer also anderen wirklich helfen möchte, kann das am besten, wenn er seine eigenen Bedürfnisse erkannt hat und seine Interessen mit denen seiner Umgebung in Einklang bringt.**

Die Königs-Disziplin bei der Abgrenzung

„Bleib bei Dir", ist hier der Glaubenssatz!

Die schwierigste Aufgabe von guter Abgrenzung ist sicherlich, ganz bei sich zu bleiben. Das ist eine echte Königs-Disziplin. Wir erreichen sie nicht beim ersten Üben! Zu wissen, dass es sie gibt, hilft uns immerhin insgesamt mehr bei uns zu sein – mehr in der Balance zu bleiben.

Das heißt, wir dürfen uns nicht zu sehr auf die Gefühle des Anderen konzentrieren, denn dann wechseln wir unfreiwillig die Perspektive. Wir sind dann nämlich plötzlich im Außen - also bei dem anderen und nicht mehr bei uns: Wir verlieren uns.

Wenn man aber die eigenen Gefühle bewusst wahrnimmt, sich auf sie konzentriert, dann kann man bei sich bleiben. Das heißt, man übernimmt nicht die Gefühle des anderen und man LEIDET auch nicht mit. Man betrachtet von außen, ist aber innerlich bei sich selbst.

Besonders wichtig ist das auch wenn jemand unsere Hilfe sucht!

Es ist sinnvoller, dem anderen die Chance zu geben, für sich selbst ein Problem zu erkennen oder lösen zu können: „Hilfe zur Selbsthilfe". Denn dann kann er daran wachsen und seine eigene Stärke spüren.

Wenn wir das Problem für ihn ÜBERNEHMEN (!), belastet man sich selbst unnötig und raubt ihm die Möglichkeit, eigene Wege zu finden.

Fazit:

➢ Wir brauchen uns wirklich nicht dafür zu entschuldigen, dass wir mit einer liebevollen und wertschätzenden Abgrenzung gut für UNS SELBST sorgen! Es reicht vollkommen, wenn wir ein ernstgemeintes „Es tut mir leid" sagen, denn das zeigt unserem Gegenüber, dass wir Mitgefühl haben. Sobald man sich jedoch ausschweifend entschuldigt (und vielleicht auch noch verhaspelt) oder rechtfertigt, schwächt man seine Position und damit den Erfolg seiner Abgrenzung.

➢ Wir tragen nicht die Verantwortung für den anderen, sondern für uns selbst.

➢ Wer sich selbst liebevoll so annimmt wie er ist, verfügt über ein starkes Selbstwertgefühl und kann sich entsprechend klar abgrenzen.

➢ Der erste Schritt für eine erfolgreiche Abgrenzung ist die liebevolle Akzeptanz von uns selbst. Das heißt, man sollte sich so annehmen, wie man nun mal ist. Und das SOGAR in den Momenten, in denen es mit der Abgrenzung noch nicht so geklappt hat! ☺

➢ Zur Abgrenzung bedarf es der Konsequenz. Konsequentes selbstverantwortliches Handeln stärkt immer unser Selbstwertgefühl und lässt uns deutlich entschiedener für das eintreten, was uns gut tut. Das zollt beim Gegenüber Respekt!

➢ Nein-Sagen bedeutet Ja-Sagen zu anderen wertvollen Dingen.

Irgendjemand braucht gerade das, was Du zu bieten hast.
Sicherlich wird es nicht Dein Geld sein,
aber es wird Deine Zeit sein, die Du bieten kannst.
Es wird Dein lauschendes Ohr sein, das Du bieten kannst;
Es mögen Deine Arme sein, um Trost zu spenden,
es mag Dein Lächeln sein, um Fröhlichkeit zu verbreiten.
Wer weiß?
Deshalb bist DU wichtig!
In dem Moment, wenn Du jemandem zeigst, dass Du Dich um ihn kümmerst,
dass er Dir wichtig ist,
kannst Du ihm helfen...
Helfen, sein Herz zu heilen, helfen, seine Seele zu heilen
und seinen Körper zu halten.
Und vielleicht kannst Du diese eine rettende Umarmung geben.
DU!

©2014MULTIPLE-ARTS.com

Außerdem gilt: Wenn nur Problemgespräche die Basis für eine Freundschaft sind, dann läuft etwas schief. Kein Mensch möchte nur als eine Art „Mülleimer" fungieren (und nur mit Problemen überschüttet werden). Wenn es ausgeglichen, oder mal eine Phase ist, ist das in jeder Freundschaft/Beziehung tragbar. Aber wenn es ständig ist und uns unsere Energie aussaugt (= Seelen-Vampir), dann wird es Zeit sich abzugrenzen. Zum eigenen Schutz (= Selbstfürsorge).

Es ist gerade dann sehr wichtig den Mut aufzubringen und zu sagen, dass wir das so nicht möchten. Natürlich wird dies unser Gegenüber nicht begeistern oder sogar verletzen, aber wir müssen auch an unsere Kräfte denken und da hilft nur das klare Kommunizieren.

GUTE Freunde übrigens wird das nicht abhalten uns zu mögen, denn gute Freunde wollen doch, dass es uns gut geht, oder? ☺ Das heißt, man kann dann Kompromisse und Wege suchen und finden, sodass beide Beteiligten zufrieden sind.

©Heike Führ

Wenn Du nicht weißt,
  wie es weiter gehen soll:
Du hast 3 Wahlmöglichkeiten:

Aufgeben,
nachgeben
oder ALLES GEBEN!!!

by multiple-arts.com

TIPPS
um Hilfe
annehmen zu können

Wenn man Probleme hat Hilfe anzunehmen, muss man gegebenenfalls an sich arbeiten und/oder sich gut reflektieren.

Lassen Sie mal Situationen Revue passieren, in denen Sie erstens gerne Hilfe gehabt hätten und zweitens, in denen Ihnen Hilfe angeboten wurde und Sie sie nicht annahmen. Drittens wäre die Überlegung: Wann habe ich Hilfe angenommen und wie habe ich mich damit gefühlt?

Denn eins ist natürlich auch klar: Hilfe ist nicht gleich Hilfe. Gut gemeinte Hilfe kann genauso daneben sein, wie unwillige Hilfe. Wenn man diese Unterschiede, die vielleicht auch mit bestimmten Personen in Verbindung stehen, mal überdenkt, dann geht man den ersten Schritt – nämlich einen wichtigen Schritt auf unserem Reiseweg: Man denkt nach. Über sich selbst, seine Verhaltensweise und Reaktionen und auch über die Menschen im Umfeld.

Auch die Frage, ob man sich von fremden Menschen schneller helfen lässt, ist in diesem Zusammenhang nicht unbedeutend. (Bei Fremden hat man beispielsweise keine komplexe Gefühlswelt im „Angebot", sondern es ist ganz situativ ein Moment - das macht es oft einfacher).

✓ **Für mich ist der wichtigste Tipp um Hilfe annehmen zu können, dass man sich anderen mitteilt.**

1) **Sich mitteilen**

Denn wer soll uns helfen, wenn wir uns nicht mit unserem Problem zu erkennen geben!? Wir müssen deutlich kommunizieren, was wir benötigen (oder welche Erkrankung mit welchen Beeinträchtigungen wir haben und wie man uns dann auch konkret helfen kann).

Gerade chronisch Kranke neigen dazu, auf die Frage wie es uns ginge, mit „Alles ok!" zu antworten. Das kann natürlich ganz unterschiedliche Gründe haben: Entweder man hat schlechte Erfahrungen mit einer ehrlichen Antwort gemacht oder man spürt, dass es das Gegenüber gerade sowieso nicht ehrlich meint. Es kann aber auch sein, dass man sich selbst nicht wichtig genug nimmt um sich Beachtung zu schenken!!!

Aber wenn wir lernen möchten Hilfe anzunehmen, müssen wir auch lernen, im richtigen Moment bei der richtigen Person ehrlich zu sein. Wie soll sonst jemand spüren, dass wir völlig erschöpft sind oder Schmerzen haben, die Beine taub sind und wir kaum einen Schritt ohne Probleme oder ohne andere Beeinträchtigungen schaffen?!

Ich habe da ein wundervolles Beispiel in unserer Umgebung erleben dürfen. Wir sind eine lebendige Nachbarschaft und wir Frauen treffen uns seit ein paar Jahren ein Mal im Monat zu einem Stammtisch. Vor ein paar Jahren ging es mir noch erheblich schlechter als jetzt – was mein „Laufen" und auch die Kondition betraf. Mein erster Gedanke, als dieser Stammtisch ins Leben gerufen wurde, war: „Um Himmels Willen, wie soll ich das schaffen!". Meine Angst war für einen Moment übermächtig. Nicht dabei sein zu können hätte mich getroffen. Ich entschied mich, meine Ängste in diesem Kreis offen auszusprechen, da ich mit diesen Frauen auch auf Nachbarschaftsfesten ganz tolle empathische Erlebnisse in punkto „Hilfe" erlebt hatte. Und tatsächlich: Sofort kam ein Gespräch in Gange, was für mich das Problem sei und wie man es beheben könne. Für mich war das damals eine so wundervolle und seltene Erfahrung, dass ich auf der Stelle hätte weinen können. Da saßen Nachbarinnen um mich, die ich zwar schon lange kannte, aber wir hatten vorher keinen intensiven regelmäßigen Kontakt. Diese Frauen aber waren so mitfühlend und bemüht, dass es sogar mir die Sprache verschlug! Vor Freude!

Sie boten mir an, mich abzuholen, oder wenn ich den Fußweg nicht schaffen würde, mich im Auto zu begleiten. Ich werde von diesen wunderbaren Frauen „betüttelt", sie freuen sich, wenn ich dabei bin, sie sind super glücklich, wenn ich eine gemeinsame Fastnachtsfeier schaffe und stehen mir zur Seite – auch seelisch! Dieses Vertrauen erleben zu dürfen, dass diese Frauen mir schlicht und ergreifend GLAUBEN, wenn ich von meinen Symptomen berichte, dass sie sie ERNST nehmen: Das ist für mich ein wertvolles Geschenk und definitiv nicht selbstverständlich! Und doch ist es genau das für sie: Selbstverständlich!

Ich schreibe das so ausführlich, weil ich aufzeigen möchte, dass meine Offenheit und mein Erklären meiner Beeinträchtigungen, die ja hauptsächlich NICHT sichtbar sind, sich ausgezahlt haben. Der Lohn dafür ist eine wunderbare mitdenkende Hilfe und ein Teil der Frauen wurde schon zu Freundinnen.

Weiterhin ist es toll – und das führt uns wieder zum Thema – dass ich niemals ausgegrenzt werde, wenn es beispielsweise um die Verpflegung für ein gemeinsames Fest geht. Es ist klar, dass ich genauso meinen Teil dazu beitrage (Anforderung im sinnvollen Stil) und dass es ebenfalls OK wäre, wenn ich es dann spontan doch nicht schaffen würde. DAS ist für mich echte Hilfe, echte Rücksichtnahme mit gleichzeitigem sinnvollem Fördern!

Mir fällt noch ein Beispiel ein: Wenn eine Frau schwanger (noch nicht sichtbar) ist und beispielsweise gerade dabei ist, ein Haus zu renovieren, kommen unweigerlich Arbeiten auf sie zu, wie Türen aus den Angeln zu heben und Sperrmüll abzutransportieren, zu schleppen und zu schuften. Würde sie sich dann, wenn es zu viel für sie wird, geziert ins Eckchen setzten, würden sich alle freiwilligen Helfer wundern und vielleicht auch etwas pikiert oder empört sein – wenn sie es nicht wüssten. Sagt diese Frau ihren Freunden aber zu Beginn des Renovierungswochenendes, dass sie schwanger ist und vielleicht nicht so viel schaffen kann wie sonst üblich, dann wird sie auf eine Welle des Mitgefühls (und Freude) stoßen und ihr wird automatisch - ohne viel Worte - Hilfe angeboten, beziehungsweise man wird ihr diese schweren Arbeiten einfach „abnehmen" und sie mit leichteren Aufgaben betreuen.

Warum also haben wir alle (und chronisch Kranke) nicht diese wundervolle Selbstverständlichkeit zu unseren Problemen/Beeinträchtigungen zu stehen und uns dementsprechend zu verhalten!?!

Denn auch klar ist, dass solche Nettigkeiten und Hilfsangebote eine Freundschaft stärken und eine Bindung noch intensiver werden lassen können. Nicht aus „Dankbarkeit", sondern weil man erlebt hat, dass man sich aufeinander VERLASSEN kann. Dass der eine für den anderen einsteht. So, wie wir es umgekehrt doch genauso tun würden.

2) Andere möchten uns helfen, so wie wir ihnen auch

Und das ist ja auch einer der Gesichtspunkte und somit Tipps: Wenn wir mal überlegen, wie gerne wir anderen helfen und unsere Unterstützung anbieten, weil es uns Freude macht und wir dem anderen etwas Gutes tun wollen - warum können wir selbst dann so schlecht Hilfe annehmen? Unser Gegenüber möchte doch auch die Möglichkeit haben, UNS zu helfen. Denn wir sind ebenfalls WERTVOLL genug, dass man sich um uns sorgt! :)

3) Den Anderen ERNST nehmen in seinem Angebot

Aus falscher Rücksichtnahme abzublocken kann auch komische Gefühle beim Anderen hinterlassen. Wenn wir konkrete sinnvolle Hilfe angeboten bekommen, sollten wir die Person und ihr Angebot ERNST NEHMEN und uns freuen! Wenn wir von mündigen Personen ausgehen, können diese selbst entscheiden ob sie uns helfen und ein Stück unserer Last mit uns tragen möchten. Das kann Hilfe in Form von Zuhören oder in praktischer Form sein.

Das setzt bei uns selbst natürlich voraus, dass wir fähig sind, solches Vertrauen bilden zu können. Nur wenn wir uns an**vertrauen**, können wir Trost, Hilfe und auch liebevolle Fürsorge finden.

(Deshalb an dieser Stelle mein Rat, den ich in jedem Buch gebe: Wenn Sie es alleine nicht schaffen, scheuen Sie sich nicht, Hilfe von Therapeuten anzunehmen. Hilfe anzunehmen ist keine Schwäche, sondern STÄRKE!)

4) Müssen wir da tatsächlich „durch"?

Aus unserer Kindheit ist das leider oft ein beliebter Satz: „Reiße Dich zusammen - da musst Du nun einmal durch! Jammern hilft nichts!"

Ja, es gibt Situationen, da gilt dieser Satz ganz sicher. Wenn ein entzündeter Zahn gar nicht mehr zu retten ist und dringend gezogen werden muss, oder wenn ein Diabetiker Insulin spritzen muss, weil das alles sonst gesundheitliche Folgen hätte, dann müssen wir da durch — wir müssen das Procedere über uns ergehen lassen.

Wir müssen auch „da durch", dass wir eine chronische Erkrankung haben. Klar, sie ist nicht mit einem Fingerschnippen zu beseitigen. Aber müssen wir durch diese vielen durch unsere Beeinträchtigungen entstehenden Probleme alleine durch? Dürfen wir nicht auch mal unsere Last teilen und Hilfe annehmen? Doch - dürfen wir, denn wie schon beschrieben, sind wir liebenswert und es tut vielen Menschen in unserer Umgebung gut, wenn sie uns helfen KÖNNEN! Und uns tut Entlastung gut. Vielleicht sogar so gut, dass wir dadurch Reserven für andere tolle Sachen haben.

5) Gib DIR die Erlaubnis, Hilfe und Unterstützung anzunehmen

Das ist einfach so wichtig. Wir dürfen gnädig mit uns selbst umgehen. Mit uns, unserem Körper und unserer Seele! Wir DÜRFEN es uns erlauben, Unterstützung zu erhalten. Wir müssen nicht (immer) perfekt sein und bloß anderen helfen, sondern wir dürfen uns vergegenwärtigen, dass wir auch selbst Unterstützung brauchen. Mal mehr, mal weniger.

6) Handzettel mit Infos verteilen

Aufklärung ist wichtig! Deshalb kann es — gerade bei Kollegen — sinnvoll sein, die chronische Erkrankung kurz und knapp zu erklären - auch welche Symptome und persönliche Beeinträchtigungen es gibt und wie man konkret helfen kann.

Es wird immer Tage geben, an denen Du das
Gefühl hast, Du möchtest aufgeben.
Aber bitte gib nicht auf!

Es wird immer Tage geben, an denen Du meinst,
keine Kraft mehr zu haben...
Aber Du hast sie!

Es wird Tage geben, an denen Du denkst,
dass alles zusammenbricht...
Aber so ist es nicht!

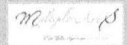

**Du wirst merken,
dass es immer einen Weg gibt!**

Und eines Tages schaust Du zurück
**und bist FROH,
dass Du NICHT aufgegeben hast!**

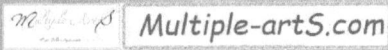 Multiple-artS.com

Noch ein paar Tipps:

1) Wir dürfen lernen, die Aufmerksamkeiten von außen anzunehmen

Es kann für andere auch erdrückend sein, wenn wir ihnen zu viel Aufmerksamkeit schenken, weil wir ihnen dann vielleicht nicht genug Raum lassen, um diese zu erwidern. Das kann passieren, wenn wir jemanden mit unserer Liebe überschütten möchten. Beispielsweise möchte er uns vielleicht mit einer kleinen Geste oder einem Geschenk eine Freude machen kann, aber wir haben schon längst wieder mehrere Ideen in die Tat umgesetzt, um Demjenigen eine Freude zu machen. Irgendwann ist der „Tisch" buchstäblich überladen und kein Platz mehr für eine Gegen-Gabe. Das heißt also ganz klar: Wenn wir uns mehr Aufmerksamkeit durch jemanden wünschen, dann müssen wir ihm die Gelegenheit geben, etwas für uns tun zu dürfen.

2) Kommunizieren

Ich betone es in jedem meiner Bücher: REDEN ist der Schlüssel. Ohne Kommunikation kann man sich nicht deutlich mitteilen, kann auch nicht die Erwartungen und Ansichten anderer erfahren und so auch keine Kompromisse schließen.

Es ist für andere, die uns verstehen sollen und möchten, sehr wichtig auch unsere Gefühlslage zu kennen. Nur so können sie sinnvoll helfen!

Es ist natürlich wertvoll, Vorwürfe und Forderungen zu vermeiden!

3) Wünsche äußern

Unsere Wünsche sollten wir ernst nehmen, denn sie sind wichtig. Und genauso wichtig ist es, sie klar zu formulieren. Sie auszusprechen bedeutet nicht, dass sie automatisch erfüllt werden. Aber unser Gegenüber kann uns besser begreifen, wenn er auch unsere Wünsche kennt. Mit einem guten Gespräch kann man klären, ob der andere bereit ist, die Wünsche zu erfüllen, oder ob man Kompromisse finden kann. Manchmal entwickelt sich daraus einfach ein neues gutes Gespräch mit vielen Inspirationen. :)

Wenn man offen und mutig seine Wünsche äußert, ohne Druck auf den anderen auszuüben, wird das Gegenüber auch offen und interessiert reagieren. Seinem Partner zu sagen, wie sehr es uns freuen würde, wenn er dies oder jenes für uns tun würde, ist sinnvoller, anstatt ihm vorzuwerfen, dass er es nicht bereits getan hat.

4) Erwartungen

Erwartungen sind ein schwieriges Thema, da sie immer auch etwas „Drohendes" mit sich bringen können: Die Erwartung, dass sich etwas verändert, dass der andere etwas tut. Trotzdem ist es gerade bei chronisch Kranken im Sinne von „Hilfe annehmen" wichtig, seine eigenen Erwartungen deutlich zu artikulieren. Man darf nicht enttäuscht sein, wenn sie nicht auf Gegenliebe stoßen. Wenn man sie aber niemals ausspricht, nimmt man sich die Chance, dass sie eventuell doch oder teilweise erfüllt würden. Ein noch so lieber Mensch kann nicht zaubern und nicht in uns hineinschauen: Wir müssen uns äußern und diese Erwartungen schildern. Man kann sie ja auch als Bitte benennen und seine Gefühlslage und den Grund, warum man darum bittet, erklären. Das nimmt den Druck und macht es einleuchtender.

Das Thema „Erwartungen" ist sehr schwierig und würde hier den Rahmen sprengen. Aber der Hinweis, sich mitzuteilen ist einfach ganz wichtig!

5) Selbstfürsorge

Sich selbst zu achten und zu lieben ist die Grundvoraussetzung dafür, dass man auch andere lieben und achten kann. Um Hilfe annehmen zu können, müssen wir uns selbst mögen und uns unseres Selbst gut bewusst sein.

Wertschätzung uns selbst und dem Helfenden gegenüber ist ebenfalls wesentlich. Dazu gehört auch ein „Geben und Nehmen" und zwar ohne Wertung und ohne Erwartungshaltung. Das schönste helfende Gefühl ist, wenn man es aus dem Gefühl der Verbundenheit, der Dankbarkeit oder der Freude heraus geben und nehmen kann.

6) Lernen, Unterstützung zuzulassen

Geteiltes Leid ist halbes Leid!

In schwierigen Phasen des Lebens einen lieben Menschen an seiner Seite zu haben, ist Gold wert! Gemeinsames Reden, Sortieren und Analysieren kann noch dazu Spaß machen. Außerdem haben Andere oft einen klareren Blick auf eine Situation und können uns mit ihren Tipps bereichern. Manchmal hilft es einfach zu sagen, was einem durch den Kopf geht und was einem überhaupt auf dem Herzen liegt. Die Chance, dass man eine gute gemeinsame Lösung findet, sollte man sich nicht entgehen lassen! :)

7) Mut zur „Schwäche"

Wie schon so oft im Büchlein beschrieben, ist es mutig und stark, sich Hilfe zu suchen und diese anzunehmen!

Auch wenn wir manchmal vielleicht Sorge haben, dass wir unser Gegenüber und auch die Freundschaft belasten würden, wenn wir von unseren inneren Ängsten, Sorgen und Frustrationen erzählen, ist es ab und zu einfach notwendig, sich auszusprechen. Wenn man sehr unsicher diesbezüglich ist, kann man den Freund auch fragen, ob es ok ist, wenn man das jetzt alles erzählt.

Wenn unsere Flügel vergessen
haben, wie man fliegt....

... sind unsere FREUNDE

die Engel,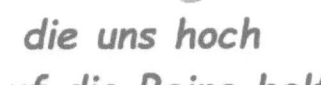

die uns hoch
und auf die Beine helfen!

TIPPS für Helfende

Helfende haben eine ganz besondere Rolle und im besten Fall sind sie eine wundervolle Unterstützung! Und gleichzeitig ist es eine sehr schwierige Rolle, denn es gehört viel Geduld und Fingerspitzengefühl dazu. Auch hier kann ich nur nochmal appellieren, das Gespräch zu suchen und die gegenseitigen Erwartungen zu klären – liebevoll und wertfrei! ☺

1) Einfach DA sein

Zuhören, mitfühlen und reden lassen sind oft die besten und vor allem sinnvollsten Erste-Hilfe-Maßnahmen bei Problemen, wenn man Hilfestellung geben möchte. Schön ist in diesen Momenten auch ein persönliches Treffen, bei dem man sich Zeit für den anderen nimmt. Das beruhigt und erzeugt das schöne Gefühl, dass man als Ratsuchender ernst genommen wird. Ein paar ernstgemeinste und liebevolle Komplimente helfen ebenso, da der Hilfesuchende ja oft in seinem Selbstbewusstsein erschüttert wurde.

Ungefragte Rat-SCHLÄGE sind anfangs allerdings fehl am Platz, ebenso wie Belehrungen, Vorhaltungen oder haltloses Kritisieren.

2) Nichts klein reden

Wir können es alle nicht mehr hören: „Ach, das wird schon wieder!". Dieser Satz ist gerade uns chronisch Kranken ein Dorn im Auge und auch im Alltag von Gesunden ist diese Floskel nicht nur unklug, sondern zeigt, dass man das Problem nicht als solches erkennt, erkennen möchte! Das ist verletzend und unwürdig!

3) Geduld zeigen

Es zeugt nicht von Lebenserfahrung, wenn man meint, der Ratsuchende müsse sich schnell wieder beruhigen. Man sollte sich immer selbst mal ERNSTHAFT versuchen in die Lage des Gegenübers zu versetzen, nachzuspüren und nachzuempfinden. Wenn jemand Hilfe sucht, hat er ein Problem und dies lässt sich nicht mit einem Fingerschnipp und einem Tässchen Kaffee lösen.

Er könnte es auch als einen Vorwurf auffassen, so nach dem Motto: „Du bist so nicht ok!". Das wäre kränkend und kontraproduktiv! Ihm Zeit zu lassen und den Druck abzubauen ist dann eher förderlich.

4) Einfach fragen und Hilfe anbieten

Wenn man das Gefühl hat, es könne jemand Hilfe gebrauchen, schadet es ganz sicher nicht nachzufragen, ob man helfen kann. Je nach Nähe zu demjenigen, wird auch das weitere Verhalten abhängen. Ein JA bringt nach sich, dass man fragen muss, wie man helfen kann. Ein Nein würde entweder so hingenommen oder man kann nochmal nachhaken.

**Einer Person zu helfen,
mag nicht die
ganze Welt verändern,
aber es kann die Welt
für diese eine Person verändern!**

MULTIPLE SKLEROSE (MS)

Dinge, die man NICHT
zu MS-Kranken sagen sollte:

Aber Du siehts <u>gar nicht</u> krank aus !!!	Das ist doch keine ECHTE Krankheit!!!	Du musst nur ein bisschen mehr Sport machen!	Du solltest diese neue Diät mal ausprobieren!!!	Du tust ja nur so, als ob Du krank wärest!!!
Meine Tante hat das Gleiche und IHR geht es gut !!!	Es muss toll sein, wenn man nicht arbeiten gehen muss !!!	Höre auf, Deine Krankheit als Ausrede zu benutzen !!!	Du bildest Dir das alles nur ein!	Ich bin auch immer mal müde !!!
So schlecht kann es Dir gar nicht gehen, sonst wärst Du ja im Krankenhaus!!!	Das sind doch nur Schmerzen !!!	Für Ungebildete ist hier ein FREIER PLATZ: * INFO * INFORMIERT Euch über MS !!!	Niemand kann unmöglich all diese Symptome haben !!!	Immerhin bist Du noch nicht im Endstadium !!!
Ich weiß ganz genau, wie Du Dich fühlst !!!	Du sitzt ja schließlich noch nicht im Rollstuhl! Also muss es Dir doch gut gehen!!!	Du warst gestern fähig, spazieren zu gehen: warum dann HEUTE nicht?!?!	Naja, bei MS gibt es halt eine lange Liste mit Symptomen !!!	Ich bin mir sicher, dass es jemand Anderes viel schlimmer hat, als DU !!!
Du bist nur faul. So gut möchte ich es auch einmal haben!	MS ist nur eine von Pharmafirmen erfundene Krankheit !!!	Wenn Du Dich nur ein bisschen bemühen würdest...	Du möchtest nur Deiner Verantwortung entfliehen !!!	Vertraue mir, das wird wieder gut! Ich hatte einmal etwas Ähnliches in Deinem Alter ..!

by MULTIPLE-ARTS.com

Darf man sich anderen zumuten?

Ich habe nun schon ein paar Mal erwähnt, dass es völlig ok und auch gut ist, wenn wir uns auch mal jemandem ZUMUTEN.

Natürlich gehört Rücksichtnahme ebenfalls zum sozialen Leben und es zeichnet uns auch aus, wenn wir voller Rücksichtnahme und Anteilnahme sind. Aber auch das hat Grenzen. Spätestens dann, wenn wir unsere eigenen Bedürfnisse dauerhaft hintenanstellen! So wie sich uns andere Menschen manchmal „zumuten", dürfen wir das umgekehrt genauso tun. Der Andere darf sich dabei abgrenzen und die Zumutung zurückweisen - aber es ist definitiv erlaubt, es zu probieren. Falsche Rücksichtnahme hat nämlich ebenfalls ihre Grenzen.

Laut Definition bedeutet „zumuten": Von jemandem oder von sich selbst etwas Unangenehmes, Schwieriges fordern oder Jemandem oder sich etwas Unangenehmes, Schwieriges auferlegen.

Das hört sich erst einmal negativ an, aber es gehört zum Leben dazu, dass man auch Unangenehmes erfährt und erlebt. Wenn wir chronisch krank sind und eventuell auch mit Beeinträchtigungen leben, dann kann es vorkommen, dass wir vielleicht einmal im weniger positiven Sinne eine Zumutung sind. **Aber wo beginnt Zumutung und wo endet sie? Und ist es für jede Person die gleiche Zumutung? Empfindet nicht jeder die Zumutung anders?**

Wenn mich jemand um Hilfe bittet, beispielsweise einen Text zu formulieren, wird es für mich selten eine Zumutung sein – einfach weil es mir liegt. Würde derjenige mich bitten, ein kompliziertes Telefonat zu führen, bei dem ich mir tausend Dinge merken müsste, würde ich es als Zumutung empfinden. Eine andere Person sieht das vielleicht gerade andersherum.

Das heißt also, dass auch das Zumuten individuell anders empfunden und bewertet wird.

Für meine guten Freunde wäre es keine Zumutung mich im Rollstuhl zu schieben – für andere Menschen vielleicht schon! Für mich ist es keine Zumutung, meiner leicht gehbehinderten Freundin mit ihrem Rollator behilflich zu sein, da ich es für uns beide als Entlastung empfinde. Würde sie sich dagegen stundenlang auf mir abstützen wollen, wäre es für mich eine Zumutung, da ich selbst nicht so stabil laufe und es mich überfordern würde.

Deshalb ist es spannend herauszufinden, was man selbst als Zumutung empfinden würde und ob das, was wir als Zumutung für einen anderen empfinden, für ihn überhaupt eine Zumutung ist! ☺

Um das herauszufinden, wäre es wieder einmal mehr als sinnvoll, dies abzusprechen – also miteinander zu kommunizieren!

Und selbst wenn wir dem Anderen mal etwas Überforderndes zumuten, ist das (unter Berücksichtig seiner körperlichen und seelischen Grenzen) in Ordnung! Unter Freunden darf man sich etwas zumuten.

Noch dazu kommt es immer auf die Art der Beziehung und auf den „Ton" oder die Umstände der Zumutung an!

Es ist wichtig, wenn man sich wertschätzt, sich nicht als Zumutung für „die Gesellschaft", „den Freund" und so weiter zu sehen. Im Endeffekt kann der Andere immer selbst entscheiden, ob wir eine Zumutung sind oder nicht – und kann reagieren!

Manchmal nehmen wir auch Rücksicht und im Nachhinein stellt sich heraus, dass es den anderen überhaupt nicht gestört oder belastet hätte. Oft trauen wir uns einfach nicht. Vielleicht auch, weil wir Angst davor haben einem anderen Menschen Unannehmlichkeiten zu bereiten oder peinlich zu sein. Dies ist aber teilweise eine Abwertung des eigenen Selbst gegenüber anderen Menschen. Das heißt, dass die eigenen Bedürfnisse zu Gunsten von Harmonie (und Ängsten) zurückgestellt werden. Man handelt dann nicht selbstbestimmt, sondern angepasst und stellt stattdessen seine eigenen Bedürfnisse zurück, was auf Dauer viel zu viel Energieaufwand bedeutet und Kraft kostet.

Ist es eine Zumutung, wenn ich für mich und meine – manchmal auch speziellen – Bedürfnisse einstehe?

Ich hatte in Hamburg beim Buchen eines Hotels für einen Blogger-Workshop vermerkt, dass ich das Hotelzimmer bei Anreise (ca. 14 Uhr) direkt brauche, weil ich mich nach dem Flug erst einmal dringend ausruhen müsse. Als wir ankamen, war das Zimmer noch nicht fertig. Ich bin heute noch stolz, dass ich darauf bestand, ein Zimmer zum Hinlegen zu erhalten. Ich war in diesem Moment eine Zumutung für die Dame an der Rezeption – das war mir bewusst. Ich habe meine Beanstandung aber mit dem Hinweis erklärt, dass ich „schwerbehindert" sei und das Zimmer dringend bräuchte. Und siehe da: Nach ein paar Telefonaten war das Zimmer doch bezugsfertig!

Hätte ich nicht für mich eingestanden und meine Bedürfnisse ignoriert, hätte ich mich nicht hinlegen können (Sitzen reicht bei mir dann nicht) und hätte das Pensum des restlichen Tages nicht mehr geschafft.

Das hört sich selbstverständlich an und ist es auch – aber ich musste auch lernen, so klar und deutlich für mich einzustehen, mir selbst diese Wertigkeit einzuräumen.

Prinzipiell ist es doch so, dass Menschen gerne behilflich sind. Einmal, weil sie gerne helfen und einfach freundlich sind und dann auch, weil sie sich dadurch gebraucht fühlen. Noch dazu erfährt man Dankbarkeit, wenn man geholfen hat und dieses Gefühl ist ja nun mal positiv besetzt! Und wir dürfen uns klarmachen, dass es doch für uns auch oft ganz selbstverständlich ist, anderen zu helfen und es ok ist, wenn sich uns andere Menschen auf freundliche Art und Weise zumuten.

Zumutung als unangenehme Zumutung

Natürlich gibt es auch die weniger schöne Art der Zumutung. Das erleben wir dann, wenn sich Menschen im Ton vergreifen und ihre Erwartungshaltung distanzlos oder auch grenzüberschreitend ist.

Manchmal äußert sich das dann so, dass Menschen, die zu lange ihre eigenen Bedürfnisse zurückgehalten haben, diese sehr plötzlich und unvermittelt äußerst heftig äußern – als ob sie sich dann nicht mehr unter Kontrolle hätten. Das kann dann für den Betroffenen besonders unangenehm und peinlich („Fremdschämen") sein. Denn dann haben sich die unbefriedigten Bedürfnisse als Ärger aufgestaut und entladen sich anschließend unangemessen. Hätte derjenige allerdings von Anfang an auf sich und seine Bedürfnisse geachtet und sich auch direkt dem anderen mit seinen Bedürfnissen zugemutet, hätte er sich viel Aufregung und Peinliches ersparen können. Wenn man Gefühle und Bedürfnisse zu lange aufstaut, brechen sie meist irgendwann recht deplatziert und geballt heraus. Das kennt man ja auch von seiner Partnerschaft oder von Freunden. Wenn man zu lange etwas schluckt, dann „knallt" es irgendwann und das hätte man vermeiden können, wenn man schneller seine

Bedürfnisse geäußert hätte. (Was nicht immer einfach ist, da es ja immer eine Interaktion ist, die manchmal auch nach eigenen unsichtbaren Regeln funktioniert).

Das heißt also Folgendes: Wenn wir einer unschönen Zumutung ausgesetzt sind, hilft nur sinnvolle Abgrenzung: Die Gefühle beim Gegenüber zu lassen und sich je nach Situation auf eine möglichst ruhige Konversation einzulassen, die kommunikative Auseinandersetzung zu suchen/wahrzunehmen oder auch zu verschieben.

Fest steht, dass wir uns eine unangemessene Zumutung oder gar Beleidigung weder gefallen noch bieten lassen müssen!

Fazit:

> **Es geht darum, unsere eigenen Bedürfnisse angemessen - unter Beachtung der Bedürfnisse des Anderen - zu äußern.**

Das bedeutet: Wir müssen lernen auf uns selbst zu achten und für unsere Bedürfnisse einzustehen. Denn nicht genügend beachtete Bedürfnisse erzeugen auf Dauer Beklemmung und sind nicht gut für das eigene Selbstmitgefühl und das Selbstbewusstsein, da wir dann nicht hundert prozentig zu UNS SELBST stehen können. Noch dazu ist es ungesund für gute Beziehungen, die wir ja anstreben.

WISSENSWERTES

Auszüge aus meinem Buch: „Akzeptanz und Bewältigung chronischer Krankheiten und Depressionen: Für Angehörige und Betroffene"

Ich halte diese Infos für wichtig, um zu verstehen, wie unsere Seele „tickt" und warum ein gesundes Selbstvertrauen – und Bewusstsein auch zum Hilfe-Annehmen so wichtig sind!

Wer noch mehr lesen möchte, findet viele wertvolle Infos und Tipps in dem o.g. Buch.

VERTRAUEN

1) Urvertrauen

Urvertrauen: der Soziologe Dieter Claessens hat 1962 das Konzept eines „Urvertrauens" neu entwickelt, empirisch enger bestimmt und damit gezielt das erste Lebensjahr des Säuglings thematisiert. Es geht bei Claessens biosoziologisch darum, ob der Säugling überhaupt lernt, Vertrauen zu irgendetwas zu entwickeln (also ein künftighin wirkendes „Vertrauen in Vertrauen"). Nach ihm erwirbt jeder Mensch in der allerersten Lebenszeit die Grundeinstellung, dass er Situationen und Menschen vertrauen könne, oder aber er erwirbt sie nicht und kann sie dann im späteren Leben nicht mehr nachholen. Dieses Urvertrauen – wie bei seinem Fehlen auch das Urmisstrauen – ist für alle späteren Entwicklungen von Beziehungen zu anderen Menschen und für die Charakterbildung maßgeblich. Es ist einer der Grundpfeiler, auf die sich die Entwicklung und Ausprägung einer gesunden Persönlichkeit stützt.

Urvertrauen entwickelt sich bei beiden Ansätzen im sehr frühen Kindesalter durch die verlässliche, durchgehaltene, liebende und sorgende Zuwendung von Dauerpflegepersonen (meistens den Eltern). Es verschafft die innere emotionale Sicherheit, die später zu einem Vertrauen in seine Umgebung und zu Kontakten mit anderen Menschen überhaupt erst befähigt. Urvertrauen ermöglicht angstarme Auseinandersetzung mit der sozialen Umwelt.

Es ist also die Grundlage für:

• Vertrauen auf/in sich selbst, Selbstwertgefühl, Liebesfähigkeit („Ich bin es wert, geliebt zu werden." „Ich fühle mich geborgen.")

• Vertrauen in andere, in Partnerschaft, Gemeinschaft („Ich vertraue Dir." „Wir lieben uns.", „Ich weiß mich verstanden und angenommen.")

• Vertrauen in das Ganze, in die Welt („Es lohnt sich zu leben.")
(https://de.wikipedia.org/wiki/Urvertrauen)

2) Vertrauen

Vertrauen ist die Basis: Basis für uns selbst, die Basis für Beziehungen aller Art und die Basis „gegen" Depressionen und Krankheiten. Das Vertrauen auf Heilung bei Depressionen ist heilend.

Heilung für MS oder viele andere chronische Erkrankungen wird es momentan vielleicht nicht geben, aber das Vertrauen auf Positives und auf Hoffnung - das heilt unsere geschundene und wunde Seele. Es heilt, weil wir hoffen und wenn wir hoffen, dann schauen wir nach vorne. Vertrauen in uns selbst ist demnach mehr als nur ein Wort – es ist eine Chance – auf Versöhnung mit unserem ICH, unserem inneren Kind und unserem (kranken) Körper und Geist.

Vertrauen zu können ist fast ein Grundbedürfnis des Menschen. Wenn man kein Vertrauen zu sich und anderen hat, sowie nicht das Empfinden, dass „alles mit rechten Dingen" zugehen wird entwickeln kann, dann fehlt etwas Grundsätzliches – die Basis. Wenn ein Säugling kein Urvertrauen aufbauen konnte, dann fehlt die Basis für seine psychische Gesundheit. Das wiederum kann Depressionen hervorrufen, Ängste und Vieles mehr. Lieblosigkeit, Vernachlässigung oder

Misshandlung können ebenfalls zu einer mangelhaften Ausbildung des Urvertrauens führen. Hiermit können deshalb auch Beziehungs- und Bindungsprobleme von Menschen erklärt werden.

✓ Folgestörungen können Misstrauen, Depressionen, Angstzustände, Aggressivität und Vieles mehr sein.

Vertrauen ist in psychologisch-persönlichkeits-theoretischer Perspektive definiert als subjektive Überzeugung von der (oder auch als Gefühl für oder Glaube an die) Richtigkeit, Wahrheit bzw. Redlichkeit von Personen, von Handlungen, Einsichten und Aussagen eines anderen oder von sich selbst (Selbstvertrauen). Zum Vertrauen gehört auch die Überzeugung der Möglichkeit von Handlungen und der Fähigkeit zu Handlungen. Man spricht dann eher von Zutrauen. Als das Gegenteil des Vertrauens gilt das Misstrauen. (https://de.wikipedia.org/wiki/Vertrauen)

Des Weiteren ist Vertrauen ein Phänomen, das in unsicheren Situationen oder bei dem riskanten Ausgang einer Handlung auftritt: Wer sich einer Sache sicher sein kann, muss nicht vertrauen. Vertrauen ist aber auch immer mehr als nur Glaube oder Hoffnung. Die sogenannte Vertrauensgrundlage muss sich bilden können. Dies können gemachte Erfahrungen sein, aber auch das Vertrauen einer Person, der man selbst vertraut, oder institutionelle Mechanismen.

Vertrauen ist teilweise übertragbar. Jemandem „sein ganzes Vertrauen zu schenken", kann sehr emotional und aufregend sein. (Das Springen eines Kindes in die ausgebreiteten Arme des Vaters. Dies ist auch ein gegenseitiges Vertrauen und gilt somit sowohl für den Vater, als auch für das Kind). Prinzipiell basieren Vertrauensbeziehungen meist auf Gegenseitigkeit. Identifikationsbasiertes Vertrauen basiert auf gemeinsamen Erfahrungen (und früheren Handlungen), sowie auf gegenseitigem Verstehen. In einer engen Partnerschaft wächst gegenseitiges Vertrauen umso stärker, je mehr auch Gefühle ausgesprochen und akzeptiert werden.

Misstrauen ist das Gegenteil von Vertrauen und ist nicht nur ein negativ besetztes Wort. Misstrauisch gegenüber Fremden zu sein, kann eine reine Vorsichtmaßnahme sein. Allerdings ist es auch hier so, wie bei allem anderen ebenfalls: die gesunde Mischung macht das (Miss-)Verhältnis aus und die Gratwanderung ist nicht immer einfach. Wer

Urvertrauen kennt und sich selbst, seinen Vermutungen und „seinem Bauch" vertrauen kann, der hat einen Vorschuss an diesem Urvertrauen und wird immer auch klarer und gesunder unterscheiden können. Blindes Vertrauen dagegen ist ebenfalls problematisch. Sie sehen – es ist nicht einfach, deshalb ist es mir auch Wert, hier über das Vertrauen zu berichten.

Wer eine schwere und chronische Erkrankung hat, hat womöglich das Vertrauen in seinen Körper und in seine eigene Leistungskraft verloren. Mir ging es mit meiner Fatigue anfangs so: Ich war nicht mehr die „Alte", mein Körper war nicht mehr verlässlich und somit habe ich das Vertrauen in meinen Körper und meine Seele in Frage gestellt. Ich habe es mit Hilfe von Psychotherapie zum Glück nie verloren, aber ich weiß, wie einschneidend solche Veränderungen sein können. Es hat eine Weile gedauert, bis ich wieder ein relativ verlässliches Vertrauen aufbauen konnte – aber es wird niemals mehr das komplette Vertrauen sein, das ich vor meiner Erkrankung in Bezug auf meinen Körper, meine Kraft und Energie und somit in meine Leistungsfähigkeit hatte. Ich musste mir einen neuen Vertrauens-Status aufbauen, ein neues ICH sogar, das mit all den Veränderungen kooperieren konnte. Ich bin zum Glück ein von Grund auf positiv denkender und sehr optimistischer Mensch, noch dazu sehr handlungsorientiert – diese Werkzeuge haben mir geholfen und mich wieder auf meinen Weg gebracht... Er verläuft nun anders, ich musste viele Entbehrungen und Einschränkungen in Kauf nehmen, aber ich habe mich gut arrangiert und versuche diesen Weg nun mit Vertrauen zu gehen. Und auch wenn es wackelig wird, mir Steine in den Weg gelegt werden, auch wenn ich stolpere... - ich schaue nach vorne und stehe immer wieder auf. Ich bin dankbar, dass mir das bis jetzt gelungen ist. Keiner weiß, ob sich das einmal ändert und deswegen bin ich auch nicht „stolz" auf meinen Weg: Ich habe das Glück, ihn so gehen zu können. Nicht mehr und nicht weniger.

Menschen, die weniger Glück haben - vielleicht auch, weil sie keine guten Werkzeuge mit auf den Weg bekommen haben und vor allem kein Urvertrauen erfahren haben - lernen eventuell durch schlechte Erfahrungen misstrauisch zu werden. Dass besonders in Partnerschaften (Liebesbeziehungen) das Vertrauen die Grundlage ist, entbehrt jedes Hinweises. Wenn man es erleben darf, dass man sich auf sich selbst und auf jemand anderen verlassen kann, ihm vertrauen kann – dann ist das etwas Wunderbares. Auch für unser seelisches Gleichgewicht ist ein gesundes Vertrauen (auch in die Zukunft) sehr wichtig.

All das wiederum basiert teilweise auf dem Selbstvertrauen. Vertrauen in sich und seine Fähigkeiten. Einem depressiven Menschen ist das abhandengekommen. Ohne Selbstvertrauen ist ein ernsthaft erfülltes Leben kaum vorstellbar. Selbstvertrauen ist die Basis für ein gesundes Selbstbewusstsein (= sich selbst bewusst sein). Selbstvertrauen ist nicht einfach von Geburt an da, sondern es muss erworben und erlernt werden. Lob, Anerkennung und vor allem das Ermutigen des Kindes von den Eltern: zu Neuem, sowie die Neugierde und Motivation wecken – das muss das Kind erfahren haben. Wenn Eltern einem Kind dagegen nichts zutrauen, es unangebracht häufig kritisieren – dann erreichen sie das Gegenteil. Wenn dann noch Mobbing oder Ähnliches hinzukommt, schwindet womöglich das kleine bisher erworbene Selbstvertrauen und weicht dem Selbstzweifel. Dieser kann uns auffressen, uns traurig stimmen und schnell rutscht man dann in die Depression. Wer ein gutes Selbstvertrauen hat, kann besser mit Kritik umgehen, da er sie jeweils nur auf die eine Sache bezieht und nicht auf sich selbst, nicht auf sein Ganzes. Damit kann man gelassener reagieren und sich gegebenenfalls auch eher zur Wehr setzen. Selbst soziale Kontakte kann man als selbstbewusster Mensch deutlich einfacher knüpfen, da man keine Über-Angst hat abgewiesen zu werden. Das alles zeigt auf, wie wichtig ein gesundes Selbstvertrauen ist und macht deutlich, dass es eine Voraussetzung für das körperliche UND seelische Gleichgewicht ist und somit für die Ganzheit unseres Seins. (Körper, Seele, Geist).

Menschen mit einem gesunden Selbstvertrauen brauchen keine gesonderte Aufmerksamkeit, da sie sich ihrer Qualitäten BEWUSST sind. Das beinhaltet, dass sie kein übertriebenes Bedürfnis haben, von allen gemocht und anerkannt zu erden. Da sie mit Ablehnung umgehen können und diese wie oben beschrieben nur auf die Sache beziehen und es nicht „persönlich" nehmen, wird ihr Selbstvertrauen durch Kritik oder Ablehnung nicht verletzt. Falls es kurz ins Wanken gerät, haben diese Menschen die Werkzeuge, sich selbst wieder ins Gleichgewicht zu bringen und sich ihr „Positives" aufzusagen. Deshalb machen sie ihre eigene Zufriedenheit auch nicht von anderen abhängig – sie fühlen sich für sich und ihr Leben SELBST verantwortlich. Sie vertrauen darauf, das Richtige zu tun, die richtigen Entscheidungen zu treffen und sollte dies fehlschlagen, vertrauen sie darauf, dass es beim nächsten Anlauf klappen wird. Sie haben dadurch auch weniger erhöhte Erwartungen, weder an sich noch an andere und sind somit auch nicht so schnell enttäuscht, sollten ihre Erwartungen nicht erfüllt werden. Es gibt immer mehrere Möglichkeiten und ein Ende könnte auch ein neuer Anfang sein – darauf vertrauen sie ebenfalls.

Was sind Anzeichen eines geringen Selbstvertrauens?

> Sich nichts oder nur wenig zutrauen
> Wenn man eher ängstlich und vor allem unsicher ist
> Sich schnell abgelehnt fühlen
> Sich zu schnell angegriffen und verletzt fühlen
> Schuld bei sich suchen
> Angst vor Herausforderungen
> Schnell aggressiv reagieren
> Schnell gereizt sein
> Eifersucht
> Von sich selbst zu viel Perfektion erwarten
> Sich selbst für Kleinigkeiten (Fehler) verurteilen
> Keine Wünsche äußern
> Angst vor Unbekanntem/Neuem
> Angst vor Entscheidungen
> Vermeidung von Kontakten und/oder Gesprächen
> Nach außen gut dastehen wollen (und sich damit evtl. finanziell verausgaben, aber auch auf anderen Ebenen überfordern)
> Sexuelle Probleme

Wie aber kann man Selbstvertrauen aufbauen?

Das ist natürlich nicht einfach und auch nicht nur durch das Lesen von Tipps machbar. Ein nicht vorhandenes oder mutwillig zerstörtes Selbstvertrauen kann auf eine Störung in der Kindheit hinweisen – so etwas ist nur professionell zu „reparieren". Aber man kann sich (vor allem auch in leichten Fällen eines weniger guten Selbstvertrauens) immer auf ein paar Dinge konzentrieren, die das Selbstvertrauen stärken.

Das Wichtigste ist, sich so anzunehmen, wie man ist. Auch das ist nicht immer einfach, aber weder Schuldzuweisungen noch Selbstverachtung helfen hier. Sie ebnen nicht den Weg zur Selbstachtung und zum Selbstvertrauen. Es ist immer wichtig, all das wertfrei zu sehen. „Es ist, wie es ist und nun arbeite ich daran!" Seine Schwächen und Fehler zu erkennen, sie anzunehmen und nicht zu verurteilen, ist der nächste Schritt. Der wiederum bedingt, dass man seine eigenen Fähigkeiten und Stärken bewusster wahrnimmt und sie dementsprechend auch bewusster einsetzt. Daraus ergibt sich automatisch, dass man lernt mit Misserfolgen adäquater umzugehen. Ein Optimist denkt immer, dass er - egal was auf ihn zukommt - dies schafft! Egal wie – er will es schaffen. Misserfolge wird er immer hinnehmen müssen, aber als Lehre und somit als gemachte Erfahrung verbuchen. Sich seinen eigenen Ängsten zu STELLEN ist enorm maßgeblich. Denn wer seinen Ängsten nachgibt, wird nie die CHANCE haben Neues zu erleben und auszuprobieren – er wird sich nicht vorwärts bewegen, sondern stehen bleiben. Den eigenen Ängsten entgegen zu blicken und ihnen die Stirn zu bieten heißt, sie langsam und allmählich zu überwinden. Das Besondere an all dem ist, dass man gute Erfahrungen machen und auf ihnen aufbauen kann. Die Erlebnisse, die man dabei hat zeigen, dass man etwas schaffen KANN. Dies motiviert für neue Aufgaben und so stärkt man peu à peu sein Selbstvertrauen, sein Vertrauen in sich und seine Fähigkeiten. Wir erfahren, DASS wir Fähigkeiten HABEN und dass wir uns auf diese verlassen können.

Denn wenn wir glauben (oder eingeredet bekamen), dass wir zu dumm für eine Sache sind, wird sie uns eher nicht gelingen. Ungeachtet unserer tatsächlichen Fähigkeiten, für die es vielleicht ein „Klacks" gewesen wäre, dieses Problem zu meistern. Das heißt, unsere EINSTELLUNG zu unseren eigenen Fähigkeiten entscheidet darüber, was wir uns zutrauen und was wir erreichen. Ein Optimist hat auch Ängste und auch er zweifelt manchmal an sich und seinen Fähigkeiten, aber sein fester Glaube, dass er etwas schaffen kann, sein Vertrauen dazu – das verschafft ihm ungeahnte Möglichkeiten. Kleine Kinder, die eine kleine Pfütze stolz übersprungen haben, trauen sich beim nächsten Spaziergang (sollten sie über ein normales Selbstvertrauen verfügen) garantiert an eine größere Pfütze heran und versuchen diese zu überspringen. Sie überlegen nicht lange – sie vertrauen und bauen auf ihr eigenes Selbstvertrauen es zu schaffen. Schaffen sie es nicht, werden sie es trotzdem immer wieder probieren, weil sie wissen und erlebt haben, dass Fleiß und Üben Sinn macht. Dieses kindliche Selbstvertrauen müssen wir uns zurück erobern.

Beobachten Sie also sich selbst und Ihre Verhaltensweisen. Und trainieren Sie: Üben und üben Sie, sich selbst zu vertrauen. Unterbrechen Sie Ihr negatives Gedanken-Karussell und Ihr negatives Denkmuster (sollten Sie sich dabei ertappen) mit dem Stopp-Wort „Stopp"/ „Halt"/ „Nein". Und überlegen Sie neu. Starten Sie quasi neu. Geben Sie sich SELBST eine neue Chance. Frei nach dem Motto: „Neue Chance, neues Glück!" und loben Sie sich bewusst, damit es auch tief in Ihnen ankommt. Verlassen Sie Ihre alten Pfade, gehen Sie neue Wege und verlassen Sie damit Ihre alten Strukturen, durchbrechen Sie die Mauern dazu. Fallen Sie nicht in alte Gewohnheiten und Denkmuster zurück und passen Sie auf, dass Sie sich nicht in genau die Situationen begeben, von denen Sie schon im Vorneherein wissen, dass sie schief gehen werden. Das ist eine alt bekannte Methode der Pessimisten. ☺

Dann machen Sie sich Ihrer Stärken bewusst. Sie können sie sich auf aufschreiben und immer wieder anschauen. Suchen Sie nach positiven Seiten an sich, fragen Sie Freunde und suchen Sie das Gespräch. Schreiben Sie einmal einen Liebesbrief an sich selbst – schwierig? Ja, mit Sicherheit ist dies schwierig, aber Sie werden staunen, was Sie vielleicht an sich mögen. Vielleicht bemerken Sie dabei auch, dass Sie Stärken haben, die beispielsweise auch ein bestimmtes Vorbild hat, das Sie vor Ihren Augen haben. **Sie sind es WERT, sich selbst liebevoll zu behandeln und achtsam mit sich umzugehen.** Sie haben wie jeder andere auch Stärken und Schwächen und wie jeder andere auch sind Sie trotzdem liebenswert. Sie haben genauso viel zu bieten, wie andere – vielleicht auf anderen Gebieten... Es ist sehr wichtig, sich selbst anzunehmen, auch wenn man nicht perfekt ist. Das hat auch nichts mit „Eigenlob" zu tun, sondern mit Wertschätzung sich selbst gegenüber. Nur wenn man seine Stärken kennt, kann man wirkliche Zufriedenheit erlangen, da man diese ausbauen und einsetzen kann. Sie dürfen sich auch gerne für Ihre Fortschritte belohnen. Setzen sie sich kleine Ziel-Etappen, die Sie auch wirklich bewältigen können. Wenn Sie Angst vor großen Menschenmengen haben, muss man als erste Etappe ja weder gleich auf den Weihnachtsmarkt gehen, noch den Jahrmarkt oder ein Festival besuchen. Kleine Ziele, die erreichbar scheinen – das sind die ersten Etappen. Haben Sie Geduld mit sich und bleiben Sie möglichst gelassen, auch bei Rückschlägen. Es ist noch kein Meister vom Himmel gefallen. ☺ In dem Moment, in dem Sie spüren und wahrnehmen, dass es Ihnen an Selbstvertrauen mangelt, haben Sie bereits den ersten so wichtigen Schritt getan!!! ☺

Probleme sind auch Chancen

Ein Problem ist „das, was zur Lösung vorgelegt wurde".

Wenn wir allgemein von einem Problem reden, meinen wir damit, dass etwas nicht so ist oder sich nicht so verhält, wie wir uns das wünschen. Demzufolge wird es dann ein Problem, wenn wir keine Lösung finden und nicht wissen, was wir tun oder wie wir uns verhalten sollen.

Dabei ist ein Problem erst einmal nichts Negatives. Es ist eigentlich nur ein **Hindernis**, das überwunden oder umgangen werden muss, um von einer unbefriedigenden Ausgangssituation in eine befriedigendere Zielsituation zu gelangen. Aber selbst, wenn dessen Lösung nur mit Schwierigkeiten verbunden ist, kommt es auf die innere Einstellung dazu an. Interessanter Weise sind manche Probleme in ihrer Wesensart so eng verwandt, dass man mit einem Problem gleichzeitig ein anderes Problem lösen kann.

Wenn man sich bewusst macht, dass ein „Problem" wirklich erst einmal nur eine **Herausforderung** darstellt und mehr nicht, dann scheint dieses Wort gar nicht mehr so negativ zu klingen. Eine Herausforderung, eine neue Aufgabe, etwas Neues – das alles könnte ein Problem sein und werden, ODER aber eine CHANCE. Optimistische Menschen sehen somit auch eher in allem eine Herausforderung, die es zu meistern gilt und die sie weiter bringt. Sie sehen es sozusagen als Sprungbrett und selbst kleine Rückschläge werden gelassen aufgefangen. Wenn man aber ängstlich und eher negativ eingestellt ist, kann man hinter jeder Ecke ein PROBLEM wittern und sich negativ darauf „einschießen" – man kann seine Gelassenheit der Angst und der PANIK opfern. Dass sich dies negativ auf unsere Psyche auswirken kann, wurde hier ja schon beschrieben.

Optimistische lebensbejahende Menschen nehmen ihre Probleme, die definitiv nicht seltener sind als die der anderen Menschen, als gegeben hin, stellen sich ihnen ohne große Aufregung und schauen nach vorne. Pessimisten werden ihre Probleme erst recht noch größer machen, indem sie sie dramatisieren und thematisieren. So glauben sie selbst auch, dass sie mehr Probleme als andere Menschen haben.

Im Umgang mit einer chronischen Erkrankung ist das ähnlich. Wir können getrost der schweren Krankheit ins Auge blicken, sie wahrnehmen und auch als das einschätzen, das sie eventuell ist: bedrohend und unheilbar. Aber es liegt an uns, ob wir aus der JETZT-Situation ein Drama machen oder versuchen, uns den neuen Herausforderungen zu stellen und viel Lebensfreude zu erhalten.

Ich möchte damit nicht sagen, dass man nur positiv denken muss und jedes „Problem einfach nur als Chance" sehen solle – das ist meiner Meinung nach polemisch und unangebracht. Ich bin deshalb auch nicht meiner Erkrankung dankbar – das möchte ich klarstellen. Ich wäre lieber ohne diese stark geworden. ☺ Aber wir können von den Optimisten lernen, die mit Gelassenheit die Umstände AKZEPTIEREN.

Sicher ist auch, dass es nicht eine Lösung für alle Probleme gibt und für mache Probleme, wie beispielsweise die MS, gibt es einfach momentan keine Heilungs-Lösung. Aber für jede Herausforderung gibt es sozusagen ein „Werkzeug" – dieses muss man anzuwenden lernen. Dazu gehört als Grundvoraussetzung eine gute innere Stärke, ein guter Selbststand und Resilienz.

Entschlossenheit und Zielstrebigkeit sind weitere Werkzeuge und das Vertrauen in sich und die Welt, dass es irgendeine Lösung geben wird. Das soll nicht im blinden Vertrauen enden, aber etwas gesundes Vertrauen schadet auf dem Weg zur Heilung nicht. Denn jedes Problem birgt auch einen Schlüssel zu seiner Lösung. Des Weiteren haben Herausforderungen noch etwas Positives, denn sie zeigen uns unsere Stärken und Fähigkeiten auf, denen wir ansonsten sicherlich nicht begegnet wären und die der Motor für viele weitere Lösungen sein können. Wenn wir allen Problemen aus dem Weg gehen wollten, würden wir uns deshalb auch keinen Gefallen tun. Der Weg, sich den Herausforderungen, die einem im Laufe des Lebens begegnen zu stellen, ist ein holpriger Weg, aber er kann auch eine Chance auf Neues, auf neue Erkenntnis, neue Freunde und Beziehungen und auf neue Lebensqualität sein.

SELBST-ACHTUNG und Selbstwertgefühl

Selbstachtung ist eng verknüpft mit dem Selbstwert (auch: Selbstwertgefühl, Selbstwertschätzung, Selbstachtung, Selbstvertrauen, oder unpräziser: Selbstbewusstsein, Eigenwert, umgangssprachlich auch Ego). Die Psychologie versteht darunter die Bewertung, die man von sich selbst hat. Das kann sich auf die Persönlichkeit und die Fähigkeiten des Individuums, die Erinnerungen an die Vergangenheit und das Ich-Empfinden oder auf das Selbstempfinden beziehen. Äußere Faktoren können das Selbstvertrauen prägen, wenn bei bestimmten Anforderungen hinreichend objektive Gründe gegeben sind, wie zum Beispiel Methodenkompetenz, ausreichende Kenntnisse oder Erfahrungen, wiederholte Tätigkeiten in ähnlichen Situationen oder Ähnliches. Ein hohes Selbstvertrauen gegenüber Anforderungen zeigt sich, wenn vorausschauend eingeschätzt wird, dass diese Situation gut gemeistert werden kann. Ein zu hohes Selbstwertgefühl muss jedoch keineswegs günstig sein und kann sich zu Überheblichkeit entwickeln, was bei anderen Antipathie hervorruft. (Quelle https://de.wikipedia.org/wiki/Selbstwert)

Wenn die ACHTUNG vor sich SELBST da ist, schätzt man die eigene Person wohlwollend. Wenn wir andere Personen achten, dann schätzen wir sie auch, dann sind wir ihnen gegenüber respektvoll und höflich. Genau das sollten wir auch uns selbst gegenüber gelten lassen. Ähnlich wie beim Selbstvertrauen würde eine mangelnde Selbstachtung beinhalten, dass wir uns selbst ablehnen, uns ungesund hinterfragen und immer befürchten, andere könnten schlecht über uns denken. Das verursacht Stress und Angst und kann sich in körperlichen Symptomen äußern — beispielsweise in Depressionen und Fatigue.

Die „Zauberformel" um an mehr Selbstachtung zu gelangen wäre demnach, sich vorzustellen, wie wir anderen Menschen gegenüber in bestimmten (Problem)-Situationen reagieren würden. Würden wir sie beschimpfen oder würden wir sie eher trösten und versuchen ihnen zu helfen? Mit Sicherheit würden Sie die letzten beiden Dinge tun und dies gilt es sich zu verdeutlichen. Sie mögen Ihren Partner auch mit all seinen Schwächen, Fehlern oder Macken. Und er Sie ebenfalls. Deshalb dürfen auch SIE sich SELBST mit all diesen Schwächen mögen….

Dazu gehört natürlich auch, dass Sie die Erwartungen an sich auf ein normales Maß herunterschrauben und Ihnen bewusst ist, dass Sie nicht perfekt sein müssen. Lernen Sie, sich anzunehmen, mit all den kleinen Schwächen und zollen Sie sich selbst gegenüber Respekt, gehen Sie höflich mit sich um und so tolerant, wie Sie auch mit einem Freund umgehen würden. ☺

Charlie Chaplin: an seinem 70. Geburtstag am 16. April 1959

Als ich mich selbst zu lieben begann,
habe ich verstanden, dass ich immer und bei jeder Gelegenheit,
zur richtigen Zeit am richtigen Ort bin
und dass alles, was geschieht, richtig ist –
von da an konnte ich ruhig sein.
Heute weiß ich: Das nennt man **VERTRAUEN.**

Als ich mich selbst zu lieben begann,
konnte ich erkennen, dass emotionaler Schmerz und Leid
nur Warnungen für mich sind,
gegen meine eigene Wahrheit zu leben.
Heute weiß ich: Das nennt man **AUTHENTISCH SEIN.**

Als ich mich selbst zu lieben begann,
habe ich aufgehört, mich nach einem anderen Leben zu sehnen
und konnte sehen,
dass alles um mich herum eine Aufforderung zum Wachsen war.
Heute weiß ich, das nennt man **„REIFE".**

Als ich mich selbst zu lieben begann,
habe ich aufgehört, mich meiner freien Zeit zu berauben,
und ich habe aufgehört,
weiter grandiose Projekte für die Zukunft zu entwerfen.
Heute mache ich nur das, was mir Spaß und Freude macht,
was ich liebe und was mein Herz zum Lachen bringt,
auf meine eigene Art und Weise und in meinem Tempo.
Heute weiß ich, das nennt man **EHRLICHKEIT.**

Als ich mich selbst zu lieben begann,
habe ich mich von allem befreit, was nicht gesund für mich war,
von Speisen, Menschen, Dingen, Situationen
und von Allem, was mich immer wieder hinunterzog,
weg von mir selbst.
Anfangs nannte ich das „Gesunden Egoismus",
aber heute weiß ich, das ist **„SELBSTLIEBE".**

Als ich mich selbst zu lieben begann,
habe ich aufgehört, immer recht haben zu wollen,
so habe ich mich weniger geirrt.
Heute habe ich erkannt: das nennt man **DEMUT.**

Als ich mich selbst zu lieben begann,
habe ich mich geweigert, weiter in der Vergangenheit zu leben
und mich um meine Zukunft zu sorgen.
Jetzt lebe ich nur noch in diesem Augenblick, wo ALLES stattfindet,
so lebe ich heute jeden Tag und nenne es **„BEWUSSTHEIT".**

Als ich mich zu lieben begann,
da erkannte ich, dass mich mein Denken
armselig und krank machen kann.
Als ich jedoch meine Herzenskräfte anforderte,
bekam der Verstand einen wichtigen Partner.
Diese Verbindung nenne ich heute **„HERZENSWEISHEIT".**

Wir brauchen uns nicht weiter vor Auseinandersetzungen,
Konflikten und Problemen mit uns selbst und anderen fürchten,
denn sogar Sterne knallen manchmal aufeinander
und es entstehen neue Welten.

Heute weiß ich: DAS IST DAS LEBEN!

-Charlie Chaplin-

HILFE annehmen FAZIT

Je mehr Unterstützung ich wohlwollend annehme, desto größer kann meine Zufriedenheit werden. Denn ganz sicher ist es kein Zeichen von Stärke, alles alleine und mit viel unnötigem Kraftaufwand und großer Energie machen zu wollen.

Klar wurde nun auch: Wer nie Hilfe annimmt, bleibt in seiner Rolle gefangen und dies ist sicherlich auch nicht besonders klug! ☺

Denn aus falschem Stolz heraus ein Scheitern in Kauf zu nehmen, ist doch traurig. Man bringt sich womöglich um viele Chancen und Möglichkeiten, um Erfolg und Glücks-Erlebnisse.

Das gegenseitige Helfen und sich Hilfeleistungen zu geben, knüpft zwischen den Beteiligten feste zwischenmenschliche Bande, die womöglich dann auch sehr lange Bestand haben, da sie auf großem Vertrauen miteinander basieren!

Leben ist Lernen und somit auch ein Reifen und dazu gehört, mit seinen eigenen Unzulänglichkeiten kompetent und selbstbewusst umzugehen und aus Fehlern zu lernen.

Und auch wenn es immer so einfach klingt Hilfe anzunehmen, gestaltet es sich für uns manchmal extrem schwierig. Gerade Menschen, denen ihre Unabhängigkeit wichtig ist und die auf Grund unschöner oder verletzender Erlebnisse erfahren mussten, dass diese Unabhängigkeit ein sehr zerbrechliches Gut ist, möchten so gerne ihre Fähigkeit erhalten, auch mal alleine mit Situationen zurechtzukommen. Eine Weigerung der Annahme von Hilfe würde aber das, was uns Menschen ausmacht - nämlich, dass wir soziale Wesen sind - völlig hintenanstellen. Denn das soziale Wesen ist gekennzeichnet durch ein Miteinander und durch Kooperation. Nur so können sich in einem sozialen Gefüge alle Beteiligten auch voll entfalten.

→ Hilfe anzunehmen ist kein Zeichen von Schwäche!

Helfen auf Augenhöhe und wirkliche Hilfe anzubieten, sind eine wundervolle Art, sich um jemanden zu kümmern und/oder ihm unsere Zuneigung zu zeigen und ihm mitzuteilen, dass wir gerne an seinem Leben teilhaben.

Das muss immer so geschehen, dass man weder die eigenen noch die Grenzen des Anderen überschreitet. Dazu gehört, dass man die Würde des anderen respektieren muss.

Hilfe geben zu wollen und sie anzunehmen ist immer ein Miteinander und ein Aushandeln zwischen den Beteiligten. Aushandeln bedeutet die klare Überlegung, was man braucht und was der andere geben kann (und umgekehrt). Im besten Fall geschieht Hilfeleistung nicht um geliebt zu werden, sondern als etwas Notwendiges und auch Existenzielles zwischen uns Menschen – ohne dies würden wir doch alleine auf dieser Erdkugel nicht überleben können.

Natürlich gibt es auch Menschen mit dem „Helfersyndrom".

Oft übernehmen diese für alles Mögliche (unaufgefordert) die Verantwortung. Manchmal mit ihrer sehr eigenen Meinung, dass für die anderen ja schließlich alles „gut" sei oder sein müsse.

Wo aber bleibt der Helfende in diesem Moment SELBST? Er stellt eigene Bedürfnisse völlig hinten an, was in solch einem Fall (auf Dauer) nicht gut gehen kann. Aber da er vielleicht seine eigenen Anliegen gar nicht wahrnimmt, hilft er lieber anderen.

Fazit:

Die eigenen Bedürfnisse wahrzunehmen, zu übersetzen und auszudrücken, sowie um Hilfe zu bitten und diese auch anzunehmen, fällt vielen Menschen sehr schwer. Wie oft erwarten wir, dass der andere „errät" was wir brauchen und sind enttäuscht, wenn er dies nicht tut. Wir vergessen dann, dass unser Gegenüber nun wirklich nicht zaubern kann und wir nehmen ihm sogar die Möglichkeit uns seine Zuneigung und Hilfsbereitschaft zu schenken.

Und noch etwas ist mir klar geworden: Vielleicht fällt es uns leichter Hilfe anzunehmen, wenn wir auch etwas zurückgeben können.

DANKE

an ALLE,

die für mich da sind,

zu mir stehen

und meinen Weg
mit mir gehen!

DU bist niemals zu
alt, zu schlecht, zu spät dran
oder zu krank,
um noch einmal
von VORNE anzufangen.

-nach Br. Choudhary-

©MULTIPLE-ARTS.com

Selbstliebe

Das Wort Selbstliebe löst in den meisten Menschen sehr unterschiedliche Gefühle aus. Zum einen wurde uns oft beigebracht, uns selbst nicht mehr zu lieben als andere und bloß nicht egoistisch zu sein, zum anderen können manche Leute das Wort einfach nicht mehr „hören", da es zu abgedroschen erscheint.

Und klar ist auch: Man kann sich nicht einfach befehlen, sich selbst zu lieben, so wie uns umgekehrt auch niemand befehlen kann einen anderen Menschen zu lieben! Deshalb sollte man dieses „Vorhaben" auch niemals als Ziel, das mit dem Verstand bewerkstelligt werden könnte, ansehen, sondern als einen Entwicklungsprozess.

Und doch ist es so, dass dieses Wörtchen uns immer dann begegnen wird, wenn wir uns selbst gut reflektieren möchten und uns auf den Weg des bewussten Handelns machen und vor allem mehr Selbstbewusstsein erreichen möchten. Denn Selbstliebe ist die Basis all dessen.

„Selbstliebe, auch Eigenliebe, bezeichnet die allumfassende Annahme seiner selbst in Form einer uneingeschränkten Liebe zu sich selbst. Der Begriff ist sinnverwandt, jedoch nicht vollständig synonym, mit Begriffen wie Selbstannahme, Selbstachtung, Selbstzuwendung, Selbstvertrauen und Selbstwert." (https://de.wikipedia.org/wiki/Selbstliebe).

Nur durch Selbstliebe schaffen wir die Voraussetzung für eine gute Verbindung zur Welt und zu anderen Menschen. Deshalb lohnt es sich, hier genauer hinzuschauen – denn wir sind ja auf dem Weg der sinnvollen Abgrenzung und des Hilfe- Annehmens oder Ablehnens im vollem Bewusstsein und der Wertigkeit unseres SELBST!

Selbstliebe ist demnach ein wesentlicher Teilaspekt des umfassenderen Selbstwertgefühls. Dieses wiederum ist die Basis eines wertschätzenden Umgangs mit anderen Menschen.

Das heißt, dass jede Interaktion durch die Selbstliebe einer Person geprägt ist und somit im weitesten Sinne auch dafür zuständig ist, um soziale Kontakte knüpfen und halten zu können. Wenn man selbst kein Vertrauen in sich hat (=Selbstvertrauen), dann kann man nicht selbstbewusst und autonom handeln.

Bedeutend ist hierbei der Unterschied zwischen gesunder Selbstliebe und „Überheblichkeit" oder „Narzissmus". Eine gesund entwickelte Selbstliebe hat mit guter Selbstfürsorge zu tun und ist weder rücksichtslos oder wichtigtuerisch noch krankhaft.

Interessant ist ja, dass wir alle gerne von anderen gemocht werden möchten und womöglich verwenden wir auch viel Zeit und Energie um Anerkennung zu erhalten. Schade, denn Selbstliebe ist der Anfang.

Warum tun wir uns so schwer, uns selbst zu lieben?

Haben wir Bedenken, wir seien nicht gut oder nicht wertvoll genug?

Dabei ist es doch so: Wenn wir uns selbst lieben, sind wir nicht mehr abhängig von der Zuneigung anderer - da uns dann die Angst fremd ist, sie würden uns verlassen oder nicht mehr mögen, wenn wir etwas „Falsches" sagen. Wenn man in Zuneigung mit sich selbst lebt, dann wird man automatisch offener und umgänglicher, was andere sogar eher schätzen. Denn wir sind emotional viel stabiler, haben weniger Erwartungen und brauchen nicht um Anerkennung zu buhlen. Das macht gelassener und liebenswürdiger! Außerdem werden wir durch diese Gelassenheit großzügiger im Umgang mit anderen Menschen, können auch ihnen und uns selbst beispielsweise besser verzeihen.

Der Weg zur Selbstliebe

Einfach ist dieser Weg nicht – vor allem, wenn wir als Kind völlig anderen Glaubenssätzen ausgesetzt waren. Aber es ist ein lohnender Weg, der uns in der Ganzheit - Körper, Seele, Geist - gut bekommen wird. Und es bedeutet auch, sich von dem strikten „Müssen" („Ich muss mich jetzt aber doch mal selbst lieben können!") zu verabschieden. Es ist sinnvoller sein Leben so zu gestalten, dass man es lieben kann. Wenn man dadurch erkennt, dass alle Emotionen (gute und weniger gute) zum Leben gehören und genau dies es ausmacht, ein lebendiges Lebewesen

„Mensch" zu sein, dann wird man die aufkeimende Liebe in seinem Leben spüren können.

Das heißt auch, dass man dann aufhört sein Leben mit dem von anderen zu vergleichen, was ja mit Neid oder Missgunst (also eher negativen Gefühlen) verknüpft sein kann und die eigene „Minderwertigkeit" eventuell erst recht beleuchtet. Wenn wir bei uns sind und unser Leben genießen lernen (auch MIT chronischer Erkrankung!) und versuchen, das Beste daraus zu machen, sind wir auch nicht mehr so verletzbar und werden nicht mehr gegen andere und deren Vorstellungen ankämpfen. Wenn wir uns bewusst machen, dass wir ja schließlich immer unser Bestes geben, dann können wir uns besser annehmen.

Vielleicht müssen wir auf dem Weg zur Selbstliebe, der ja an sich schon das Ziel ist, auch lernen, alte Gewohnheiten zu durchbrechen. Denn wenn wir alte Gewohnheiten verändern, um den Weg in Erfüllung gehen zu können, zeigen wir uns selbst täglich aufs Neue, dass wir bereit sind uns selbst zu lieben, anzuerkennen und vor allem eins: dass wir es WERT sind, etwas zu verändern, etwas zu TUN und zu handeln!
Wir sind wichtig genug!

Deshalb ist der wichtigste Übungsschritt jener: GEDULD! Geduld mit sich selbst und anderen.

Selbstkritik sollten wir vermeiden und uns mit den Augen eines Freundes betrachten, der mit Sicherheit viel Gutes an uns entdeckt. Den inneren Kritiker kann man verbannen: Sobald man sich dabei ertappt, wie man einen abwertenden Gedanken hat, sagt man sich selbst laut: „STOPP!". Unsere Schwächen dürfen wir sehen, aber nicht überbewerten. Hier ist ebenfalls viel Geduld gefragt. Deshalb dürfen wir uns auch loben, wenn uns etwas gut gelungen ist! Sich selbst zuzulächeln ist eine wunderbare Ent-Waffnung! :) Probieren Sie es mal aus – es funktioniert! Zu versuchen, unser bester Freund zu sein, ist ebenfalls ein oft praktizierter Weg. Wesentlich ist auch, dass wir unseren Körper annehmen! Auch wenn das gerade mit körperlichen Beeinträchtigungen nicht immer einfach ist - aber es ist nunmal unserer Körper.

Wenn dies alles mit viel Selbstfürsorge und Nachsicht geschieht, ist man auf einem GUTEN Weg! :)

Des Weiteren hilft uns Dankbarkeit mit Bewusstsein gut. Abends nachzuspüren, was heute gut war und was uns heute gut gelungen ist, wechselt die Perspektive auf das Gute. Der Fokus wendet sich vom

Negativen ab und wendet sich hin zu all dem schönen Erleben – wir dürfen dankbar sein! Wie in meinen anderen Büchern schon so oft beschrieben, ist ein Tipp, sich auch all das auf kleine Zettel aufzuschreiben, in eine schöne Truhe oder in ein Glas zu stecken und bei Bedarf (an schlechten Tagen) herauszuholen und sich an all das Gute zu erinnern. Dies fördert den Prozess auf dem Weg zur Selbstliebe! :)

Außerdem dürfen wir uns vergegenwärtigen, dass Liebe nicht heißt, dass wir an anderen Menschen alles gut finden oder gar ertragen müssen (Abgrenzung!), oder dass wir selbst leichtsinnig oder verantwortungslos anderen gegenüber werden dürfen - ebenso wie nicht uns selbst gegenüber. Aber wir dürfen weiterhin Wünsche äußern und Bitten aussprechen, denn wenn wir unser Leben lieben (und damit uns selbst lieben!), können wir es uns selbst auch besser erlauben, unsere eigenen Bedürfnisse zu erfüllen.

Wir selbst haben es in der Hand und tragen allein die Verantwortung für uns und unser Handeln.

Das bedeutet, dass wir uns selbst ebenfalls in unserer Ganzheit annehmen und lieben. Mit unseren Fehlern und Schwächen ebenso, wie mit unseren Stärken. Wir müssen aufhören, uns und andere für Fehltritte zu verurteilen, denn im besten Fall lernen wir alle daraus und es ist einfach äußerst menschlich, fehlbar zu sein!

Jemand, der sich selbst liebt, hat weniger Ängste, somit mehr Mut und geht mit Herausforderungen ganz anders um. Allein deshalb, weil er keine Angst vor Misserfolgen haben muss, da er sie nur als das sieht, was sie sind: EIN einziger für sich stehender „Fehler", aus dem man lernen kann und mit dem man umgehen kann (Selbstvertrauen). Mit diesem Gefühl lässt sich nahezu alles regeln, zumal man ja keine Angst vor Zurückweisung haben muss.

Der neue Glaubenssatz könnte sein: "ICH bin GENUG"!

➔ **Selbstliebe entsteht dadurch, wie wir uns selbst behandeln!**

➔ **Fazit: Also behandeln wir uns doch einfach GUT! :)**

Stolz

Manchmal scheint es unser Stolz zu sein, der nicht zulässt, dass wir uns helfen lassen.

Oder wir meinen, dass es uns noch nicht schlecht genug geht und dass wir deswegen keine Hilfe verdient hätten. Nach dem Motto: „Anderen Menschen geht es schließlich viel schlechter als mir"!

Und „falscher" Stolz kann uns als Stolperstein eine Falle bauen! Deshalb möchte ich kurz auf den Stolz und „falschen Stolz" eingehen.

Was ist Stolz begrifflich erklärt?

Stolz „ist das Gefühl einer großen Zufriedenheit mit sich selbst oder anderen, einer Hochachtung seiner selbst – sei es der eigenen Person, sei es in ihrem Zusammenhang mit einem hoch geachteten bzw. verehrten „Ganzen". Der Stolz ist die Freude, die der Gewissheit entspringt, etwas Besonderes, Anerkennenswertes oder Zukunftsträchtiges geleistet zu haben." (https://de.wikipedia.org/wiki/Stolz)

Allerdings kann es auch Stolz in der Form geben, dass er sich im Sinne einer persönlichen Eigenschaft oder als das Befriedigen des Drangs nach Zufriedenheit (beziehungsweise Anerkennung) zeigen kann. Es entscheidet die Größe, beziehungsweise die Art und Weise darüber, ob der Stolz noch gesund ist oder nicht.

Ungesunder oder falscher Stolz werden auch mit Arroganz und Eitelkeit, mit Hochmut und Überheblichkeit gleichgesetzt. Wird er verletzt, neigen Betroffene zu Empörung und Trotzreaktionen bis hin zu aggressiven Abwehrhandlungen.

Menschen, die nicht wirklich selbstbewusst sind, nicht mit sich im Reinen sind, können dazu tendieren, mit dem angeborenen Gefühl von „Stolz" nicht zurechtzukommen. Dies kann dann Auswirkungen haben, wenn der falsche Stolz der Annahme von Hilfe im Wege steht.

Sich selbst verzeihen

Ich bringe dieses Kapitel ebenfalls noch im Buch unter, da all das Üben und Bewusstmachen nicht viel nutzt, wenn wir uns nicht selbst vergeben können.

Wir werden beim Üben des Öfteren mal Fehlschläge erleiden und nicht jeder kann diese einfach so hinnehmen. Dabei gehören Fehl- und Rückschläge ebenfalls zum Leben. Es liegt an unserer erreichten Frustrationstoleranz, wie wir damit umgehen können. Oft sind diese Gefühle noch von Schuldgefühlen begleitet. („Hätte ich doch...“, „Wie konnte ich nur...“, und so weiter!). Mit Schuldgefühlen im Gepäck werden wir niemals wirklich frei sein und dies erschwert uns den Zugang zu uns selbst und zu anderen ebenso!

Schuldgefühle entstehen, da wir im Laufe unseres Lebens ein mehr oder weniger stark ausgeprägtes Unrechtsbewusstsein entwickeln. Außerdem haben wir meistens gelernt, dass „Fehler schlecht“ seien. Auf Fehler folgt Strafe. Und da Strafe auch gesellschaftlich gesehen „Schuld tilgt“, bestrafen wir uns unbewusst selbst - mit Schuldgefühlen. Außerdem stellen wir uns selbst dann auch leider immer wieder in Frage. Dass dies Auswirkungen für die eigene Psyche, sowie auf Beziehungsgeflechte haben kann, steht außer Frage.

Deshalb müssen wir lernen, gnädig mit uns selbst zu sein und uns zu verzeihen. Denn unsere Schuldgefühle machen weder etwas ungeschehen, noch vermeiden sie vermutlich in Zukunft Fehler, sondern sie beeinträchtigen uns in ungesunder Art und Weise und halten uns in der Grübel-Falle gefangen. (Hierzu habe ich auf meinem Blog einen Artikel geschrieben: „Wie entkomme ich der Grübel-Falle?“: http://multiple-arts.com/tag/wie-entkomme-ich-der-grubelfalle/).

Wenn wir präzise oder benennbare Schuldgefühle haben, könnten wir versuchen, unsere „Fehlbarkeit“ zu begreifen und dann auch zu akzeptieren. Wenn wir uns bewusst machen, dass der Fehler ein Resultat vieler Umstände ist - und unser „vermeintliches“ Unvermögen nur ein Teil davon war - können wir uns auf einen Weg zu einem sinnvollen Umgang mit unserer Schuld machen. Es ist schwer sich einzugestehen, dass man fehlbar ist. Aber nur mit diesem Eingeständnis kann man Reue zeigen und sich somit auch eher vergeben. Und nur innerhalb dieses Prozesses können wir lernen Verantwortung zu übernehmen - für uns selbst! Das ist kein leichtes Unterfangen und oftmals schaffen wir diesen Weg nur mit kompetenter HILFE in Form von Psychotherapie oder Coaching. Aber auch diesen Weg dürfen wir gehen, weil wir dann achtsam und voller Selbstfürsorge für uns handeln!

In der Pädagogik heißt es in Bezug auf Kinder und Erziehung, dass man die Kinder niemals im Ganzen ermahnen soll, wenn sie etwas falsch gemacht haben, sondern nur für diese eine „Sache"! Das dürfen wir gerne auch auf uns selbst anwenden und übertragen: Unser Verhalten und Fehler in **vergangenen** Situationen definieren nicht unsere Persönlichkeit!!! Anstatt sich komplett zu verurteilen, ist es hilfreicher und nachhaltig sinnvoller, wenn wir das Problem erkennen und akzeptieren und bestenfalls aus diesem „Fehler" lernen.

Zu verzeihen und Trost zu spenden ist uns ja absolut nicht fremd: Wie oft haben wir ein Kind in den Arm genommen und ihm einen kleinen Schmerz „weggepustet", es getröstet und verhätschelt. Wie haben wir dem Partner und Freunden mit Trost zur Seite gestanden, haben versucht herauszufinden, warum dies und jenes so war, haben Erklärungen gefunden - oder auch nicht - und haben darauf unseren Trost verbal aufgebaut und ihn körperlich umarmt.

Warum schaffen wir das mit uns selbst so schlecht?!?

Wir dürfen lernen GUT zu uns selbst zu sein – so wie wir es für einen Freund tun würden. Es hilft, sich und das aktuelle Problem aus der Sicht eines Freunds zu betrachten: Was würden wir ihm raten, was würden wir ihm als Trost mitgeben? Und was hält uns davon ab, uns genau diesen Trost ebenfalls SELBST zuzusprechen?! Nichts! ☺

Trost und Verzeihen hängen auch mit dem schon besprochenen Thema des Loslassens zusammen. Wir sollten uns darauf konzentrieren im „Hier und Jetzt" zu leben und dürfen getrost Vergangenes LOSLASSEN, damit wir freier im Hier leben können. Es ist doch schön, wenn wir uns selbst ein guter Freund sind und uns geTROST mal loben und vor allem mögen dürfen. Denn wenn wir auch unsere STÄRKEN wahrnehmen und akzeptieren, können wir auf ihnen aufbauen und lernen, die positiven Aspekte unserer Persönlichkeit nicht gedanklich zu vernachlässigen. So haben wir die einmalige Chance uns zu sagen, dass wir zwar in der „einen Sache" einen Fehler gemacht haben, es jedoch schaffen möchten, uns diesen Fehler zu vergeben.

Wie fühle ich mich,
wenn ich jemandem eine Hilfe abschlage?

Das kennen wir alle: Wir schlagen jemandem die erfragte Hilfe ab. Es kann dafür Gründe geben, oder auch keine.

Wenn es konkrete Anlässe gibt, weswegen man die Hilfe abschlägt, ist das noch relativ einfach. Beispiel: Ich werde gefragt, ob ich bitte die Blumen des Nachbarn gießen könne, während er in Urlaub sei – ich bin aber selbst zu diesem Zeitpunkt in Urlaub. Klarer Fall: Keiner ist emotional berührt, sondern es ist eine klare Sachlage. Gleicher Fall und ich bin Zuhause, möchte aber die Blumen nicht gießen: Dann muss ich entweder einfach ein klares „Tut mir leid, ich kann/mag das nicht machen!", oder: „Das wird mir nicht möglich sein", oder sonst eine unverbindliche Antwort formulieren. Natürlich kommt es nun auch noch darauf an, warum ich das nicht möchte!

Sobald aber die Sachlage nicht eindeutig klar ist, kann es zu Verstimmungen kommen. Das Gegenüber könnte beleidigt sein, den Grund oder die Ablehnung nicht verstehen.

Und da beginnt die Krux: Sich für die Gefühle (gute und schlechte) von anderen verantwortlich zu machen bedeutet, dass man sich zu deren Sklaven und abhängig macht! Im Grunde ist es die Angst vor Ablehnung, wenn man niemals jemandem etwas abschlagen kann. Nur wenn man die Verantwortung für die Gefühle des anderen auch bei ihm LÄSST, wird man selbst frei. Frei in Entscheidungen und frei in seiner Unabhängigkeit.

Heute weiß man, dass es in der Persönlichkeitsstruktur verankert ist, wenn jemand nie in der Lage ist auch einmal Nein zu sagen.

Nein zu sagen bedeutet oft, andere zu enttäuschen. Damit müssen wir leben lernen!

Aber das ist natürlich erst einmal die Theorie. Denn wie ich hier schon mehrfach beschrieben habe, „macht" ganz einfach eine solche Kommunikation, ein solches zwischenmenschliches Miteinander, etwas mit uns. Je nach Erfahrungswerten und Selbststand werden wir mehr oder weniger unbeschadet oder sehr betrübt aus der Sache herausgehen.

Die gute Nachricht aber ist: Man kann lernen, „Nein" zu sagen. Aber Nein zu „denken" oder aber es mutig „auszusprechen" macht nochmals einen sehr großen Unterschied aus. Schließlich möchte man ja freundlich sein und weiß ja aus eigener Erfahrung wie Ablehnung wirken kann. Doch: „Wer immer nur „Ja" sagt, der sagt auf Dauer „Nein" zu sich selbst!

Natürlich ist es einfacher (auf den ersten Blick) Ja zu sagen. Man kränkt niemanden und man muss sich vor allem weder rechtfertigen, noch löst es Diskussionen aus – und somit gehen wir Konflikten aus dem Weg. Aber gehen wir dann mit uns selbst pfleglich um?

Bewusst JA zu sagen und mit Freude und innerer Überzeugung - manchmal auch aus Pflichtgefühl - anderen zu helfen, ist ok. Aber ein dauerhaftes JA ist nicht ok und auch nicht, „weil es doch schon immer so war"! Zeiten ändern sich und das muss auch das Gegenüber akzeptieren.

Für mich gibt es immer wieder diese kleinen feinen Unterschiede, die ein JA oder NEIN ausmachen. Für meine Kinder tue ich viel, sehr viel und doch grenze ich mich auch ab. Als Mutter/Vater geht man oft über seine Grenzen hinaus und das ist auch in einem gewissen Rahmen ok, aber sobald das Kind selbständiger und erwachsen wird, sind auch hier Grenzen geboten und Schranken einzuhalten. Niemandem nützt eine ausgelaugte Mutter.

Das heißt, wenn man auch einmal Bitten oder Anfragen ablehnt, ist das ok und spricht für Selbstvertrauen. Denn man zeigt sich damit autonom und unabhängig vom Gegenüber. Es zeugt außerdem von einer gesunden Urteilskraft und macht auf Dauer zufriedener! Warum sollte, um beim obigen Beispiel zu bleiben, nicht auch mal ein anderer Nachbar die Blumen während des Urlaubs gießen?! Im Endeffekt ist es für den eigenen Schutz unumgänglich sich ab und an sinnvoll abzugrenzen.

Interessant ist auch die sprachliche Betrachtung des Wortes „NEIN", denn für eine sinnvolle und zufriedenstellende aufrichtige Kommunikation (und somit ein erfüllendes Miteinander) ist „Nein" unerlässlich. Außerdem fällt auf, dass man keine Wahl für eine freie Entscheidung hätte, gäbe es dieses Wörtchen nicht: „Möchten Sie einen Tee?" „Nein, danke – lieber einen Kaffee!" - und man könnte dementsprechend auch keine Entscheidung treffen! Also ist dieses Wort doch nicht nur ein emotional negativ besetztes Ablehnen, sondern auch ein Wort, um sich weiterzuhelfen.

Wenn man es nicht werten würde, wäre ein JA einfach ein JA und ein NEIN einfach ein NEIN – eine Entscheidung und Willensäußerung, der Wunsch und Begehren in sich vereint. Mehr nicht.

Im Grunde ist es ein: „Was möchte ich?" – „Was möchte der Andere?". Die Entscheidung liegt im Erkennen des eigenen Selbstwertes und des Sachverhaltes.

Aber man kann einfach nicht außer Acht lassen, dass ein NEIN meistens eine Herausforderung bleiben wird. Für beide Seiten. Denn es ist eine klare ENTSCHEIDUNG und ein Nein hat immer das Potenzial Konflikte auslösen zu können.

Je nach Situation wird man die Antwort auf die Frage nach dem Tee auch entsprechend im Ton anpassen. „Nein danke", oder „Nein danke, ich bekomme von Tee Sodbrennen", und so weiter. Fest steht definitiv, dass der „Ton die Musik macht"! Man wird sich im Normalfall immer bemühen freundlich zu sein. Das beschwichtigt, erklärt und stellt Verbundenheit her.

Oft ist ein NEIN einfach nur ein notwendiger Selbstschutz, der vor Überlastung und Burnout schützt. Wichtig ist deshalb wirklich die Art und Weise des NEIN-Sagens!

Ein: „Nein, weil…", klingt immer freundlicher als ein brüskes kurzes „NEIN!". Sich kurz zu erklären und somit eine Verbindung zum Gegenüber herzustellen, ist von Vorteil; ebenso, wie das „Nein" mit einem Gegenangebot zu verbinden: „Tut mir leid, ich habe zwar jetzt keine Zeit, aber dafür heute Nachmittag!", oder: „Gerne dann beim nächsten Mal wieder!". Das zeigt dem anderen, dass man die Sache (und ihn) ernst nimmt. Rechtfertigen allerdings ist niemals notwendig und auch keine weitgreifende Entschuldigung.

Das heißt, uns bleibt wohl nichts weiter übrig, als immer wieder Abgrenzung zu üben. Wenn wir nicht in der JA-Falle verharren wollen, aber uns auch liebevoll abzugrenzen lernen möchten, schaffen wir das nur, wenn wir uns auf diesen sicherlich anfangs noch holprigen Weg machen. Mit Neugierde und Nachsichtigkeit uns selbst gegenüber. Von einem auf den anderen Tag kann man nicht plötzlich völlig unkompliziert und authentisch NEIN sagen!

Von Freunden trennen

Das Thema begleitet alle Menschen: „Tun mir meine Freunde wirklich gut?" und chronisch Kranke können davon nicht nur ein Lied singen, sondern ganze „Chor-Bücher" füllen! :)

Denn wir haben sehr oft die Erfahrung gemacht und machen müssen, dass uns Freunde verlassen, wenn es schwierig wird, dass sie uns nicht verstehen und dass es „Freunde" gibt, die uns schlicht und ergreifend nicht gut tun oder uns als Seelen-Vampire unsere zarte Energie aussaugen.

Gute und wirkliche Freunde sind optimistische, lebensbejahende Menschen und eine Bereicherung für uns und unser Leben.

Leider gibt es auch immer mal Menschen in unserem Umfeld, die uns nicht gut tun und in uns sogar negative Emotionen hervorrufen. Das kann uns schwer belasten und je nach Erkrankung gar Symptome hervorrufen und/oder sich auf die Erkrankung niederlegen.

Natürlich wissen wir alle, dass das nicht gut ist und im Geiste haben wir uns sicherlich auch alle schon mal von Freunden getrennt. Aber wie schaut es in der Realität aus? Wie einfach ist es wirklich, Beziehungen zu entlarven, die uns nicht gut tun und dann zu reagieren – mit der Konsequenz sich zu trennen?! Das ist schwer. Sehr schwer! Und deshalb habe ich dazu noch einige Infos zusammengetragen.

Menschen, die beispielsweise immer negativ denken oder alles schlecht machen, sowie an allem etwas auszusetzen haben, bringen uns nur eins: Negative Energie.

Was wir brauchen sind Menschen, die uns bedingungslos GLAUBEN, wenn wir von unseren Beeinträchtigungen erzählen, die zu uns stehen - auch in schwierigen Zeiten und in unangenehmen Situationen und Lebensumständen. Leute dagegen, die uns keinen Glauben schenken, uns und unsere Krankheit in Frage stellen, sowie uns demotivieren und frustrieren – diese Personen tun uns nicht gut, weil sie uns nicht unterstützen, sondern „runter ziehen"! Damit beeinträchtigen sie unser Wohlbefinden empfindlich und das können wir uns nicht leisten.

Dies hat, wie als „roter Faden" im Buch beschrieben, mit der eigenen Wertschätzung und dem Selbstvertrauen- und Bewusstsein zu tun, ob und wie lange wir uns so etwas gefallen lassen.

Natürlich sind Beziehungen unterschiedlicher Natur und auch Beziehungen zu nahestehenden und geliebten Menschen haben ihre Höhen und Tiefen. Das ist normal und auch ok so. Aber das gehört nicht in die Kategorie der Seelen-Vampire. Denn das ist das normale Leben. In diesem Text geht es mir um jene Menschen, die aufgrund ihres Charakters und/oder ihrer Persönlichkeit permanent negativ sind und dieses leider die Menschen in ihrem Umfeld spüren lassen oder sie gar noch manipulieren möchten. Oder Menschen, die einfach nicht (mehr) zu uns passen, die uns langweilen oder nerven. Denn auch das ist ok und da Leben immer auch Veränderung ist, kann es im Laufe des Lebens dazu kommen. Auch mehrmals.

Dann hilft es nur, ganz bewusst auf Distanz zu gehen und den Kontakt einzuschränken, denn belastende Beziehungen rauben uns viel zu viel Energie und Kraft und nehmen somit auch keinen guten Einfluss auf unsere Lebensqualität. Sich fernzuhalten und die Abstände der Verabredungen zu vergrößern und eventuell den Kontakt auf ein erforderliches Minimum einzuschränken sind erst einmal einfache Möglichkeiten. Dann kann man weiter sehen.

Aber der Reihe nach, denn erst einmal muss uns diese Lage bewusst werden. Wir müssen lernen hinzuspüren in die jeweiligen Beziehungen und tief nachzuempfinden, wie wir uns wirklich fühlen, wenn wir mit diesem Menschen zusammen sind. Wenn man gut in sich hineinhorcht, kann man auch fühlen, ob man sich eher unbehaglich, unwohl, beeinflusst, unter Druck gesetzt, manipuliert, der Energie beraubt oder eingeengt fühlt - oder ob man sich rundum wohl fühlt, gelassen, entspannt, ernstgenommen und dementsprechend energiegeladen aus dem Treffen heraus geht.

Außerdem gilt es zu erkennen, dass das, was uns an anderen aufregt, oft nur das Spiegelbild unseres Selbst ist. Das bedeutet, dass wir uns oft bei anderen genau über das aufregen, was uns an uns selbst stört, was wir verdrängt haben oder was wir uns selbst nicht „erlauben".

Wenn wir dies wahrnehmen und akzeptieren, können wir besser in die Beobachtungsrolle gehen und uns somit etwas abgrenzen. Und wenn wir dann noch gnädiger mit uns selbst umgehen, weil wir dadurch ja unsere eigenen Ängste gespiegelt bekommen, dann werden wir langfristig auch verständnisvoller und gütiger mit anderen Menschen. Und dadurch übrigens auch oft gütiger mit uns selbst.

Ganz so einfach ist es aber erstens nicht immer und zweitens gibt es natürlich noch die andere Möglichkeit, dass es NICHTS mit uns zu tun hat. Das dürfen wir uns ebenfalls klar machen, denn manchmal sind andere Menschen einfach nur gedankenlos, ignorant, rücksichtslos oder auch böswillig. Beides ist möglich, aber möglicherweise wissen sie genau, auf welche „Knöpfe" sie bei uns drücken müssen, oder aber sie überschreiten bewusst unsere Grenzen.

Das heißt also: Wir müssen lernen dies zu unterscheiden und voneinander zu trennen. Einfach ist das nicht und ebenfalls auch nicht über Nacht zu erlernen, denn es gehört eine gut ausgebildete Wahrnehmung ebenso dazu wie viel Erfahrung.

Wie schaffe ich es, mich von nicht wohltuenden Freunden zu verabschieden?

Das ist die große Frage, die alles andere als einfach zu beantworten ist.

Es gilt den Freundeskreis oder „den speziellen Freund" zu betrachten, sein Verhalten uns selbst und anderen gegenüber zu beobachten und nachzuspüren, was genau daran für uns nicht ok ist.

Ich habe beispielsweise eine Freundin, die nur „sendet", so dass nach kurzer Zeit unseres Beisammenseins bei mir eine Erschöpfung und auch Unmut einritt. Da mir die Freundin wichtig ist, musste ich eine Lösung finden. Kommunikation ist hier wichtig, aber das gestaltet sich mit ihr schwierig und es ist auch nicht leicht, jemandem zu sagen, dass er uns nicht gut tut, dass er eventuell nervt oder sonstiges Unschönes. Die zweite Möglichkeit ist langsame Entfernung, langsamer Entzug. Unsere Treffen schob ich immer mehr hinaus, so dass sie seltener wurden und ich dann auch mehr Kraft dafür hatte. Es ist ein sich entwickelnder Prozess und für mich scheinbar ein Mammut-Projekt!

Wie also schaffen wir es uns zu „trennen", ohne andere dabei zu verletzen oder vor den Kopf zu stoßen?

Immerhin ist der erste wichtige Schritt getan: Wir haben festgestellt, dass in dieser oder jener Beziehung/Freundschaft etwas nicht stimmt!

Nun hat man zwei Möglichkeiten: Man bleibt in der Situation gefangen, oder man verlässt sie.

Das ist aber nur die Theorie. Das Umsetzen kann Schwerstarbeit sein, bei dem beide Seiten „Federn lassen"!

Es gibt viele Möglichkeiten das zu üben.

Der erste Trainingsschritt wäre, das Loslassen zu üben. Man kann versuchen, im Alltag unangenehme Situationen einfach zu verlassen oder ihnen ausweichen. Das hat nichts mit Schwäche zu tun, sondern ist manchmal einfach der klügere (Aus) - Weg. Wenn man sich klar macht, dass sich manche Konfliktsituationen fast von selbst auflösen, wenn man ihnen gelassen begegnet oder ihnen aus dem Weg geht, dann hat man eine wichtige Erkenntnis verinnerlicht. Manchmal ist es sinnvoll, nicht mehr dagegen anzukämpfen – dann bereinigt es sich eventuell von selbst.

Konflikte lassen uns immer reifen – auch wenn wir sie so gerne vermeiden würden. Und wie wir im Buch gelernt haben, ist es wichtig und sogar erforderlich, zu sich selbst zu stehen – zu seiner eigenen Wertigkeit. Wenn man mit Selbstachtung einer Situation begegnet, dann nehmen wir uns wichtig und das darf unser Gegenüber spüren. Bedeutend ist, dass WIR aus der Opferrolle herauskommen und Verantwortung für uns selbst übernehmen. Klare Abgrenzung.

Wenn das Loslassen nicht fruchtet, dann hilft nur eins: Wir müssen handeln! Das heißt, wir müssen die Situation verändern.

Hier hilft als erste Maßnahme ein klärendes offenes Gespräch. Einfach ist das nicht, denn wir müssen uns selbst wieder einmal wichtig genug nehmen um handeln zu wollen – um diese Situation, die uns NICHT gut tut, zu verlassen. Dabei dürfen wir uns daran erinnern, dass nur wir selbst die Verantwortung für UNS übernehmen können.

✓ Die sogenannte ICH-Botschaft bewährt sich bei solchen Problem-Gesprächen immer.

„Ich fühle mich…. weil…", klingt anders als: „Weil Du immer ununterbrochen redest, bin ich total erschöpft!". Das wäre ein Vorwurf. Die Ich-Botschaft beinhaltet unsere eigenen Gefühle und die kann uns einfach niemand nehmen. Also gilt es ein Gespräch zu suchen, das wertfrei, vorurteilsfrei und vor allem ohne Vorwurf formuliert wird.

Das bedeutet, dass wir im konkreten Fall das Problem direkt und klar ansprechen sollten. Wenn wir es mit Hilfe der Ich-Botschaft formulieren, dann schaffen wir es vielleicht auch, den anderen mit einzubinden, ihn nach seiner Meinung zu fragen und ihm somit auch den Wind aus den Segeln zu nehmen. Er fühlt sich nämlich ernstgenommen und wertgeschätzt. Das ist eine wunderbare Voraussetzung!

Ein Gespräch basiert immer auf Reden und Zuhören. Rechtfertigung ist nicht nötig und wertet uns automatisch wieder leicht ab. Manchmal hilft es, beide Blickwinkel genau auszuklügeln um dann gemeinsam eine Lösung finden zu können. Ein Perspektivwechsel bringt manchmal ungeahnte Chancen und Sichtweisen! :)

Wenn das Kommunizieren ebenfalls nicht fruchtet oder gar ausartet, dann müssen wir erneut handeln. Im besten Fall haben wir uns vorher die Konsequenzen eines solchen Handelns überlegt und nun liegt es an uns, das „Ding" durchzuziehen. Dann hilft vielleicht nur noch eine kurze Erklärung und man nennt die Konsequenz – beispielsweise, dass man sich dann trennen müsse. Das ist hart, aber man weiß, dass man alles versucht hat und wenn man so gar nicht weiter kommt, dann steht man entweder am Anfang oder man hat aus der Situation gelernt und ist es sich WERT für sein Seelenheil zu sorgen.

Ich habe mich tatsächlich schon im Laufe meiner „MS-Karriere" von Freunden getrennt. Denn Menschen, die mich partout nicht verstehen (wollen), die meine Beeinträchtigungen nicht ernst nehmen oder die so belangloses Zeug reden, dass mir schwindelig wird (und ich das Gefühl habe, meine Zeit vergeudet zu haben), tun mir definitiv nicht gut. Auch wenn ich sie mag – aber sie passen nicht mehr in mein Leben. Menschen verändern sich (auch wir selbst) und manchmal stimmt es schlicht und ergreifend nicht mehr überein.

Es gibt auch jetzt noch Menschen in meinem Leben, von denen ich mich trennen möchte, es aber noch nicht geschafft habe. Aber das ist auch ok – alles hat seine Zeit und der erste Schritt, nämlich die Erkenntnis, dass es so ist - den habe ich ja bereits getan.

Dass so eine Trennung schmerzhaft sein kann, ist ebenfalls selbstverständlich, denn immerhin hat uns ja - eventuell jahrelang - etwas mit dieser Person verbunden und das schüttelt man nicht so einfach ab.

Ich habe nach einer Trennung von einer Freundin mal eine Zeitlang wirklich tiefe Trauer verspürt – bis ich realisiert habe, dass ich der Freundin von „damals" nachtrauerte. So, wie sie einst war – und nicht mehr der Frau von heute, wie sie sich entwickelt hatte (und wie sie sich jetzt verhielt). Da dies so jetzt nicht mehr zu mir passte, hat mir diese Überlegung geholfen, diese Trennung nicht mehr als Verlust zu sehen, sondern als Tatsache, als Zeichen der Zeit und (gegenseitigen) Veränderung.

Eine andere heikle Situation habe ich mit einer sehr langjährigen guten Freundin erlebt, die im Ausland lebt: Sie war brüskiert, als ich sie in einem Gespräch, in dem sie mir Vieles vorwarf, dann bat, dass sie mich bitte nicht mehr unangemeldet besuchen solle (was ein paar Mal unpassend vorkam). Ich würde mich gerne mit ihr treffen, aber zu Zeiten, die ich einigermaßen planen kann. Nur so könne ich mein Energie-Management ins Feinste austaxieren und dann auch voll und ganz für sie da sein. Dieser verbale Konflikt war heftig, weil sie dies absolut nicht einsehen wollte. Mir war aber klar, dass es für MICH nur so geht – für mich, meine Seele, meinen Geist und meinen Gesundheitszustand. Also blieb ich bei mir und der Sache und im Laufe des Gespräches war dann klar, dass sich dann wohl unsere Wege trennen müssten. (Es waren noch mehrere für mich sehr unschöne und unfaire Dinge vorgefallen). Plötzlich wandelte sich das Gespräch - vielleicht, weil ich so konsequent blieb - und die Freundin signalisierte mir, dass sie versuchen würde es zu verstehen und dass es ja kein Problem sei sich anzumelden. Wir sind immer noch befreundet und mittlerweile haben wir uns auch ansonsten wieder angenähert und neulich sagte sie mir in einer sehr emotionalen Situation von sich aus, dass sie meinen Wunsch eigentlich gut verstehe, denn sie würde auch nicht gerne überfallen werden und sie sei gesund.

Ich erzähle das, weil ich sehr stolz auf mich war, dass ich das so meistern konnte und mir treu geblieben bin. Und auch auf sie – dass wir es gemeinsam so gut hinbekommen haben. Es war wirklich kein einfaches Unterfangen und ich weiß noch, wie aufgeregt und aufgewühlt ich nach Hause kam. Aber es lohnt sich meistens wenn man liebevoll konsequent für sich einsteht. Das war und ist mein Fazit aus der Geschichte und ich war überglücklich, dass wir eine Regelung gefunden hatten. Natürlich klappt das nicht immer so und man wird sich auch mal im Unguten trennen. Aber auch das gehört zum realistischen Leben. Natürlich ist klar, dass es manchmal schwierig ist, einen Kontakt abzubrechen, wenn es sich bei der unliebsamen Person zum Beispiel um Nachbarn, Verwandte oder sonstige Verstrickungen handelt. Denn man möchte ja auch niemanden verletzen. Dann ist es ratsam, die Kommunikation mit dem betreffenden Menschen zu reduzieren und **wirklich auf Distanz zu gehen**. Auch hier besteht natürlich immer noch die Möglichkeit, demjenigen mit Begründung mitzuteilen (möglichst freundlich, aber bestimmt), dass man zukünftig den Kontakt einschränken möchte.

Aber eins ist klar: Wir müssen uns bewusst machen, dass belastende Beziehungen nicht gut für uns sind, dass sie uns zu viel und unnötige Energie und Kraft kosten und damit auch erheblichen Einfluss auf unsere Lebensqualität haben können.

POSITIVES DENKEN

„Positives Denken" ist meiner Meinung nach eine wichtige Basis, um sich selbst lieben und somit auch andere wertschätzen zu können. Das ist in der Abgrenzung und im NEIN-Sagen ebenso wichtig, wie auch beim Annehmen von Hilfe. „Positiv zu denken" sagt sich zwar manchmal einfacher, als dessen Umsetzung in der Tat dann möglich ist - und doch kann man es erlernen. Denn ein Negativ-Denker wird sich automatisch auch eher vom Glück entfernen, als auf es zuzusteuern.

Allerdings ist „Positives Denken" keine Lösung für alle seelischen und menschlichen Probleme. Jedoch lässt es sich mit ZUVERSICHT und Optimismus deutlich leichter leben und auch Probleme können mit dieser Einstellung anders betrachtet und besser gelöst werden. Denn sehen wir Dinge als grundsätzlich aussichtslos, wird uns das nicht gut tun und kann noch dazu möglicher Weise Depressionen auslösen. Ebenso verhält es sich, wenn wir uns selbst als nicht liebenswert betrachten: Dann *fühlen* wir uns auch minderwertig. Deshalb ist das „Positive Denken" ein Motor und unsere treibende Kraft, denn sie schafft es, uns positiv zu stimmen und mit HOFFNUNG nach vorne blicken zu lassen, anstatt zu erstarren und zu verharren. Und Kraft lässt uns mutig werden – ein wunderbares Mittel, um bei sich zu bleiben und nicht im Außen nach dem Glück oder anderen Menschen zu suchen.

Ein Satz, den meine Freundin in einem Webinar gehört hat, zeigt deutlich auf, wie wir Menschen dazu neigen, den negativen Dingen in unserem Leben leider mehr Beachtung zu schenken:

> ➤ *„Menschen neigen dazu, deutlich mehr wahrzunehmen, wenn etwas* ***nicht*** *funktioniert, als das wahrzunehmen, was funktioniert und positiv ist!"*

Ich entnehme hier ein paar Auszüge aus meinem Buch: „Die Reise zum Glück – Der Weg ist das Ziel" und passe sie unserem Thema entsprechend an:

`Das „Positive Denken" soll den Anwendenden durch eine konstante positive Beeinflussung seines bewussten Denkens in seinen Gedanken, in eine dauerhaft konstruktive und optimistische Grundhaltung führen - um nachfolgend eine höhere Zufriedenheit und Lebensqualität zu erzielen.

Ein genaues Hinschauen und Reflektieren ist deshalb notwendig. Denn wenn man sich einfach nur darauf besinnt, nicht alles immer gleich negativ zu sehen und seine Sorgen und Nöte zwar wahrzunehmen, aber den FOKUS mehr auf das POSITIVE im Leben zu richten, kann man auch nicht von „Gehirnwäsche" oder einem „Beeinflussen" reden. Das ist mir wichtig klarzustellen und zu definieren.

Mir geht es darum, mehr Bewusstsein für das POSITIVE zu schaffen – sich über das zu freuen, was man an Gutem hat und man den negativen Dingen dadurch einfach weniger Aufmerksamkeit, Zeit, Zuwendung und Raum gibt.

Wenn uns allein schon das gelingt – sich dem POSITIVEN mehr hinzuwenden, dankbar für all das Schöne und Gute zu sein, sind wir schon einen großen Schritt in Richtung „Positives Denken" und somit auch in Meilenschritten auf das GLÜCK los- und hinzu gegangen.

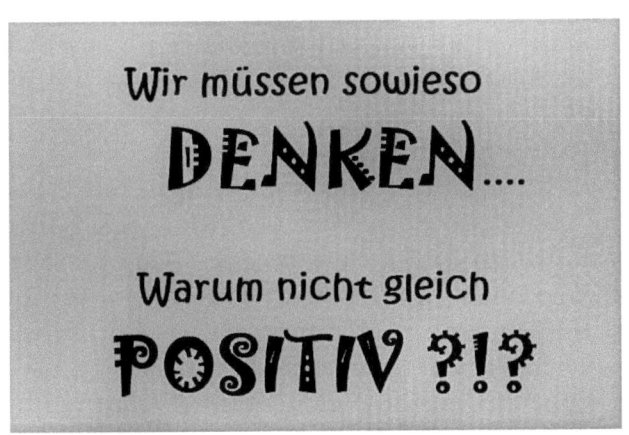

Im Falle einer chronischen Erkrankung wie MS könnte das heißen: (als Beispiel meine eigene Dankbarkeit): Ich habe zwar MS und muss mich mit ihr und den Umständen arrangieren - ABER ich bin dankbar dafür, dass ich es nicht noch schlimmer habe; ich bin dankbar dafür, dass ich 2 gesunde fantastische Kinder und Schwiegerkinder samt Enkelchen habe, einen tollen Ehemann und meinen süßen Hund Smiley.

(Ich wiederhole bewusst diese Faktoren immer mal wieder, da ich sie mir im realen Leben auch immer wiederholt vorsage!!!).

Dazu möchte ich Sie ebenfalls ermutigen: Sagen Sie sich die positiven Dinge in Ihrem Leben wie ein Mantra immer mal wieder vor! Das führt irgendwann dazu, dass Sie sich deren noch bewusster werden und sie somit auch besser verinnerlichen können.

Ich fokussiere meinen Blick wirklich so oft wie möglich auf diese schönen Dinge. Dass ich trotzdem meine schlechten Phasen habe, weine oder mit mir und den Umständen hadere, ist ebenfalls normal.

Wahrnehmen heißt ja auch, dass man alles „sieht". Dazu gehört eben auch das Negative und Unschöne. Aber je weniger ich dem Negativen Raum in meinem Leben lasse und gebe, je mehr ich mich über die schönen Dinge freue, umso positiver werden meine Gedanken. Das wird jeder von sich aus den unterschiedlichsten Situationen kennen.

Positives Denken bedeutet auch, dass wir nichts verdrängen oder überspielen. Das würde unnötig viel Kraft und Energie kosten. Es geht vielmehr darum, dass wir die jeweilige Situation erst einmal annehmen und akzeptieren und zwar genau so, wie sie gerade ist! Nur wenn wir diesen Schritt erfolgreich getan haben, können wir unsere Aufmerksamkeit auf all die positiven Aspekte in dieser Situation lenken. Das bedeutet Folgendes: Solange wir nicht wahrhaben wollen, was gerade los ist, fliehen wir (oder drücken uns) vor der Realität und blenden sie damit recht krampfhaft aus. SO schaffen wir es dann NICHT, etwas an der Situation zu verändern und nehmen uns viele Möglichkeiten und Chancen, auch tatsächlich das Positive zu sehen! Und wenn wir verharren, nehmen wir uns ein Stück unserer Freiheit, unseres Denkens überhaupt. Wir dürfen gerne nachdenken, warum wir vielleicht lieber in dieser Situation gefangen blieben. Denn wenn wir gewillt sind aus der IST-Situation das Beste zu machen, dann sind wir frei und uns unseres „SELBST" bewusst.

Deshalb macht es Sinn, sich immer wieder auf die positiven Aspekte der Situation zu besinnen!

Dies schafft man unter anderem, wenn man sich fragt, was man aus guten und auch schlechten Situation lernen kann! Was kann man in dieser Situation an Positivem herausziehen? `

Ein Beispiel, das zeigt, dass es funktioniert – ich war selbst etwas erstaunt über mein Handeln: :)

Ich kam neulich in die Praxis meiner Physiotherapie. Ich habe wöchentlich immer am gleichen Tag und um die gleiche Uhrzeit meinen Termin. Meine Physiotherapeutin sah mich im Wartezimmer sitzen und wunderte sich: Ich war nicht eingetragen! Dafür stand eine andere Frau in der Liste. Im ersten Moment hat mich dies geärgert, weil ich mich schon auf meine Nackenmassage, die ich dringend brauchte, freute. Andererseits dachte ich mir, dass so etwas jederzeit passieren könne und ich überdachte meine eigenen Termine und stellte fest, dass diese freie Stunde für mich auch ein Gewinn sein könnte, da ich (für eine Geburtstagsfeier) noch eine Torte backen wollte. Also bin ich fröhlich und mit viel mehr Zeit auf meinem Tageskonto aus der Praxis gelaufen, war noch einkaufen und konnte in völliger Ruhe meinen Kuchen kreieren.

Später erst wurde mir klar, wie befreiend und wohltuend es war, dass ich mich nicht aufgeregt habe und aus dieser Situation das Beste gemacht habe.

Natürlich kann ich das auch nicht immer – aber ich habe mir diese Situation abgespeichert und sie hat mich so motiviert, dass es meinem Gehirn nun leichter fallen wird, auch in Zukunft mit anderen Situationen so leicht umzugehen. Das heißt, mein „Positives Denken" hat mir viel Aufregungen und schlechte Energie erspart und neue Möglichkeiten geschaffen.

Des Weiteren betrachten Menschen die positiv denken, ihre Misserfolge nicht als „Scheitern", sondern nur als etwas Vorübergehendes und als einen „kurzfristigen Rückschlag", der sie motivieren wird daraus zu lernen. Das heißt, dass positiv eingestellte Menschen auch besser Hilfe annehmen können, weil sie sich ihrer Fähigkeiten und Schwächen bewusst sind und wissen, dass angebotene Hilfe bereichernd und erleichternd sein kann.

So ganz nebenbei wirkt positives Denken auch förderlich auf die Gesundheit. :) Das ist ja auch kein Wunder, denn wenn der Geist entspannter ist und einfach bejahend denkt, dann sind Körper und Geist auch eher im Einklang - der Körper kann ebenso entspannen!

Seelen-Vampire / Energie-Vampire

Ich möchte auch noch auf ein spezielles Thema eingehen, das bestens zum Thema Abgrenzung und Hilfe passt: Wir begegnen immer wieder sogenannten **Seelen-Vampiren**, die uns aussaugen. Nicht unser Blut, aber unsere Energie - und sie nutzen unser Mitgefühl schamlos aus.

Deshalb hier ein paar Infos:

Wenn man sich nach dem Treffen mit einem Menschen völlig erschöpft, „blutleer" und kraftlos fühlt, dann hat man wohl die Bekanntschaft eines Seelen-Vampirs gemacht. Ich kann das tatsächlich manchmal sehr körperlich spüren (im Falle meiner MS reagiere ich oft mit heftiger Fatigue darauf), aber ich erlebe regelrecht, wie mir die Kraft ausgesogen wird und ich als leere Hülle zurückgelassen werde.

Sie sind Menschen, die sich unsere positive Energie ungefragt und übergriffig (grenzüberschreitend) einfach nehmen und zwar ähnlich wie jene mystischen Gestalten, die wir aus Büchern und Filmen kennen – nur dass sie anstatt Blut die Lebenskraft aus unserem Körper saugen. In diesem Fall ist es das so wertvolle „Lebenselixier" ENERGIE!

Das Verzwickte ist, dass sie sozusagen getarnt auftreten: Als Freunde, Familienmitglieder, Nachbarn oder Kollegen. Und die Tarnung ist perfekt, denn sie lächeln und sehen völlig normal aus, während sie auf Energie-Jagd sind. Was sie wollen? UNSERE Energie! Aber da wir nicht wie von Blut-Vampiren im Schlaf überrascht werden, haben wir die Möglichkeit zu handeln! :)

Ob diese Vampire es bewusst (absichtlich) oder unbewusst tun, sei dahingestellt. WIR müssen uns schützen! Das bedeutet, dass nicht alle

Energie-Vampire schlechte Menschen sind. Denn es gibt tatsächlich unbewusste und bewusste Räuber. Indessen sind die bewussten Vampire natürlich die Schlimmsten, da sie uns rücksichtslos angreifen und gezielt unsere positive Energie für sich beanspruchen - und sie aussaugen und inhalieren wollen. Sie erledigen ihr Aussaugen hoch professionell und machen Energiearbeit im negativen Sinne. Anstatt uns Lebenskraft zu schenken (wie wir es von guten Freunden oder auch Osteopathie und ähnlichen alternativen Heilmethoden kennen), ziehen sie uns bewusst ENERGIE AB! Das Aussaugen unserer Energie erfolgt über 2 Varianten. Erstens auf körperlicher Ebene und zweitens auf psychischer Ebene.

Ich habe eine Nachbarin, die mich einmal in dieser Form ausgesaugt hat: Ich musste anschließend lange liegen/ruhen – völlig leer und kraftlos, super erschöpft – und noch dazu wütend auf mich selbst, weil ich es zugelassen hatte! Die Nachbarin wiederum hatte alles abgeladen, was ihr so auf der Seele lag, war zufrieden und trank sicherlich gemütlich einen Kaffee, während ich mich erholen musste. Das war für mich ein Schlüsselerlebnis und nun versuche ich (mal mit Erfolg, mal mit weniger Erfolg) diesen Seelen-Vampiren die Stirn zu bieten und ihnen Einhalt zu gewahren!

Die „Zähne" dieser Energie-Fresser sind ihre Handlungs-Art und ihre Worte. Und gerade wenn man chronisch krank ist, hinterlassen diese Krafträuber nicht nur seelische Blessuren bei uns, sondern dies kann sich gar körperlich auswirken!

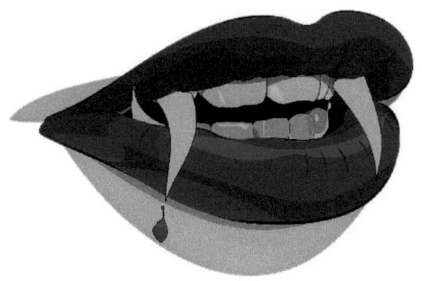

Deshalb müssen wir lernen uns von solchen Menschen zu distanzieren und **ABZUGRENZEN!**

Im Falle besagter Nachbarin entwickelte ich im Laufe der Zeit meine Strategien: Wenn wir uns zufällig treffen und „es wieder los geht", breche ich kurz und schmerzlos das Gespräch ab und sage ihr, dass ich nun nach Hause gehen müsse. Wenn sie nicht aufhört zu reden, gehe ich trotzdem weiter und lasse sie reden. ;)
Wenn ich ihr bei einem Nachbarschaftsfest begegne, setze ich mich definitiv NICHT neben sie oder ich stehe auf (unauffällig), wenn sie sich zu mir setzt. Ich möchte das nicht mehr ertragen – ich habe weder die Kraft, noch die Nerven oder LUST dazu. PUNKT!

Seelen-Vampire wirken zwar ruhig und abgeklärt, aber tatsächlich haben sie ein (meist schweres) Problem. Mit Sicherheit sind sie nicht gut selbstreflektiert, haben unterschwellige oder bewusste Schwierigkeiten und verdrängen diese vermutlich. Ganz banal kann es auch sein, dass jemand einfach niemand zum Reden hat und bei uns alles abladen möchte. Dafür sind wir aber NICHT verantwortlich. Wir sind uns selbst, unseren eigenen Gefühlen und der eigenen Gesundheit verpflichtet!
Energie-Vampire brauchen Bestätigung von außen und sind äußerst unsensibel. Oft brauchen sie auch das „Drama" – eventuell auch deshalb, um sich selbst zu spüren. Sie haben verlernt, sich die nötige eigene Energie in produktiver Weise zu beschaffen; sie leiden unter energetischen Blockaden, die beispielsweise durch traumatische Erlebnisse oder Krankheiten hervorgerufen wurden; sie kämpfen häufig selbst mit Minderwertigkeitskomplexen, Verlust- und Existenzängsten.
Es gibt viele verschiedene Sorten von Vampiren und somit auch unterschiedliche Beweggründe, warum sie so kraftraubend agieren. Der typische Vampir ist der „Ignoranz-Vampir", der ununterbrochen redet und zwar Fragen stellt - aber bei den Antworten kaum zuhört! Das erzeugt dann das uns bekannte Gefühl von Leere und Energielosigkeit nach so einem Gespräch!
Die Krux ist ja, dass Vampire jagen MÜSSEN! Und das macht es für ihr Umfeld schwierig, anstrengend und gar gefährlich. Interessant ist

dabei, dass auch diese Vampire andere Menschen brauchen (zum Aussaugen), da sie sich sonst selbst leer fühlen!

Vampire können Selbstdarsteller sein oder sie versuchen zu manipulieren. Im schlimmsten Fall versuchen sie, uns von ihnen abhängig zu machen. Das heißt, wenn sie wirklich ernsthafte Probleme oder eine Persönlichkeitsstörung haben, dann beschimpfen oder beschuldigen sie ihre Gegenseite oder versuchen sie klein zu machen. Sobald sie uns zu einer Rechtfertigung nötigen, müssen wir allerspätestens aufhorchen und diese merkwürde Kommunikation beenden.

✓ Seelen-Vampire sind auch von uns abhängig – denn sonst könnten sie nicht überleben!

Diese Spirale gilt es zu unterbrechen.

Dazu gehört erstens, dass wir sie erkennen und zweitens, dass wir uns distanzieren und klar abgrenzen.

Das heißt, sobald uns jemand nicht gut tut, sollten wir auf unsere Intuition vertrauen und die Sachlage beobachten.

Und es gilt:

➢ Nicht die Probleme an sich sind entscheidend, sondern vielmehr wie wir mit ihnen umgehen.

Das ist nur eine kleine Zusammenfassung des Themas. Wenn man einem schlimmen Seelen-Vampir gegenüberstehen muss und ihm nicht ausweichen kann (Kollegen, Familie), dann sollte man sich nicht scheuen auch professionelle Hilfe in Anspruch zu nehmen.

Ein guter Tipp, der überall im Internet zu lesen ist: Nach Möglichkeit nicht alleine einem Energie-Vampir gegenüberzutreten.

Meine Blog-Texte spiegeln Emotionen wider und bringen Informationen zugleich. Es ist die leichtere und auch gefälligere Art des Verstehens. Viel Freude damit! ☺

*Achtsamkeit und Selbstfürsorge – UNS SELBST gegenüber Um Hilfe bitten – ein Akt der Selbstfürsorge

Ein fast modernes Wort, diese „Selbstfürsorge" und doch kann man wohl kein wirklich zufriedenes Leben in Balance führen, wenn man nicht gut für sich selbst sorgt.

Gerade Menschen mit chronischen Erkrankungen müssen lernen GUT für sich selbst zu sorgen, die eigenen Bedürfnisse wahrzunehmen und für sie einzustehen.

Das bedeutet sowohl Hilfe anzunehmen, auch Erwartungen auszusprechen, als auch sich abzugrenzen. Ein Balance-Akt der besonderen Art!

In meinen Büchern gehe ich immer auf dieses Thema ein, da es mir so wichtig erscheint. Nur wenn wir uns selbst mit Achtung und Liebe begegnen, können wir diese auch ins Außen abgeben.

Und das ist gar nicht so einfach.

Meine Recherchen ergaben, dass Achtsamkeit eine Form der Aufmerksamkeit für die Bedürfnisse und Belange anderer Menschen und gegenüber sich selbst ist.

Es gibt beispielsweise die Achtsamkeit auf den Körper, Achtsamkeit auf die Gefühle, Achtsamkeit auf den Geist. Achtsamkeit ist etwas, das zwischen Menschen in der Zuwendung entsteht und von diesen gemeinsam erfahren wird. Von achtsamer Zuwendung durchzogene Interaktionen werden als gelingend bewertet.

(angelehnt an https://de.wikipedia.org/wiki/Achtsamkeit_(care) / Stand 18.7.17)

Das bedeutet, dass man die achtsame Zuwendung auf die gegenwärtige Situation bezieht, auf das Hier und Jetzt und sich darauf einzulassen. Außerdem heißt es, dass man dann die eigene Aufmerksamkeit mindestens einem anderen Menschen oder sich selbst widmet.

„Menschen beziehen sich sorgend auf andere, lassen sich tatsächlich aufeinander ein, pflegen Beziehungen und eine gewisse Verbindlichkeit im Miteinander. In diesem Sinne ist die ‚Praxis der Achtsamkeit' mehr als eine Haltung der Empathie, sie spielt sich auch nicht bloß in der Innenwelt einer Person ab. Schließlich bedeutet Achtsamkeit auch, die Antwort auf Unterstützung abzuwarten: zu hören, wie die Zuwendung angekommen ist und daraus praktische Konsequenzen zu ziehen."

(https://de.wikipedia.org/wiki/Achtsamkeit_(care))

Die **Fürsorge** bezeichnet die Sorge für andere Personen.

Die Selbstfürsorge ist demnach die Sorge um sich selbst, die man ohne ein achtsames Verhalten nicht schafft!

Aber nun genug der Theorie! ☺

Fakt ist, dass wir sehr oft auf Grund unserer Einschränkungen, seien sie sichtbar oder nicht sichtbar, auf Hilfe von außen angewiesen sind. Und wir alle wissen, wie schwer es manchmal ist um Hilfe zu bitten.

Manchmal resultiert es daraus, dass wir schlechte Erfahrungen gemacht haben, manchmal daraus, dass wir uns nicht trauen oder gar, weil wir uns selbst nicht wichtig genug nehmen – so also ob wir es nicht WERT seien, dass man uns hilft.

Ich gebe zu: Auch bei mir war das ein langer und sehr steiniger Weg und ich gehe ihn immer noch. Wenn man einst diejenige war, die ständig anderen ihre Hilfe und Unterstützung angeboten hatte, die fit und stark war, äußerst selbstständig und robust, dann ist es eine harte Erkenntnis, dass man auf Grund von Beeinträchtigungen **plötzlich auf mehreren Ebenen hilfsbedürftig IST!**

Eine Erkenntnis, die schmerzt und deutlich zeigt: Es hat sich etwas verändert und Du bist nicht mehr die „Alte".

Eine Erkenntnis, die so schmerzen kann und die Grundmauern erschüttern kann, dass man wirklich erst einmal lernen muss damit zurechtzukommen.

Oft wurden wir auch so erzogen, bloß niemandem zur Last zu fallen.

Der Erziehungsleitsatz in meiner Kindheit war immer: „Da musst Du durch, das schaffst Du alleine!". So sehr mir dieser Leitsatz in anderen Situationen geholfen hat, so schwer war er mir zur Last geworden, als ich um Hilfe bitten musste: Sei es in Form eines Armes, der mich stützt; eines Stuhles, weil ich nicht mehr stehen kann; sei es ein Fahrdienst den ich benötige, weil ich nicht mehr lange Strecken alleine fahren kann; sei es Unterstützung im Haushalt, beim Einkaufen – einfach im Alltag!

Es ist schwer.

Es ist auch deshalb schwer, weil die Angehörigen, die uns schon sehr lange kennen, diesen Wandel ja auch erst mal verkraften müssen. Und wenn man dann noch wie das „blühende Leben" aussieht, kann es zu unschönen Erlebnissen kommen.

Wichtig ist - auf die Kürze hier, aber das habe ich wirklich in meinen Büchern behandelt - **dass man lernt, sich selbst mit all seinen Einschränkungen anzunehmen und zu lieben.**

Wenn man sich so annimmt wie man ist, verschwindet auch irgendwann das Gefühl anderen so schrecklich „zur Last zu fallen". Man lernt, dass es so ist wie es ist: Das ist mein Status Quo. MEIN Hier und Jetzt!

Schmerzlich muss man manchmal erleben, dass es „Freunde" gibt, die uns fallen lassen, weil sie das neue Ich nicht verkraften können. Aber genauso oft und mittlerweile noch häufiger (wenn es auch manchmal ein harter Kampf war) habe ich erlebt, dass mir Menschen GERNE helfen - **wenn sie wissen WIE!** Und das ist der Knackpunkt: Wir müssen thematisieren was wir brauchen und was uns gut tun würde. Denn wir wissen auch: Wenn wir es „übertreiben" und nicht gut für uns sorgen, erhalten wir oft die Quittung von der MS.

Und wir müssen uns klar machen, dass wir auch **MIT Beeinträchtigungen liebenswerte Menschen sind und nicht weniger wert sind...** Wir sind nicht unsere Krankheit – wir sind Menschen mit Stärken und Schwächen – wie **JEDER** Mensch.

Wichtig ist, dass wir Verständnis erfahren und umgekehrt unsere vielleicht manchmal hilflose Situation nicht auszunutzen und unsere

Angehörigen nicht überstrapazieren. Reden, Kommunikation… Das ist hier einfach das Schlüsselwort, denn niemand kann zaubern und uns ansehen, dass wir vielleicht gerade Hilfe brauchen.

Ich wünsche Euch ein gutes Miteinander und den Mut, Eure Wünsche zu formulieren! ☺ Hallo MS; Hallo Mut; Hallo Selbstfürsorge und Achtsamkeit!

*Ab wann ist Leid Leid?

Das ist eine gute Frage, oder? Ab wann ist Leid Leid?

Eine liebe Freundin hatte diesen Satz neulich in einem ihrer Texte thematisiert und er hat mich berührt - und ich „musste" ihn aufgreifen….

Ich mag es schon nicht, meine Erkrankung als „Leid" auszurücken, wie zum Beispiel: „Ich leide an/unter MS"! Nein, ich leide nicht. Ich habe MS. Punkt.

Ich bin ich.

Und meine MS ist da, sie verschafft mir ganz sicher des Öfteren großes Leid, aber ich leide nicht an ihr, da ich mich weigere zu leiden. ☺

Natürlich ist „Leid" nicht immer beeinflussbar, aber ganz oft ist es auch eine „Kopfsache", das heißt die Einstellung zu einer Sache/Krankheit macht es aus, ob sie sie uns als Leid empfinden lässt oder nicht.

Natürlich habe ich im Vergleich zu anderen MS`lern oder anderen schwer Kranken „gut reden", da es mir noch verhältnismäßig gut geht – dieses Wissen hilft mir einerseits, meine Beeinträchtigungen besser zu tragen, aber zum anderen wünschte ich mir, gar nicht erst krank zu SEIN!

Wenn wir uns allerdings prinzipiell gewahr sind, dass es deutlich mehr „Leid" gibt, als wir es persönlich kennen, ist das sicherlich ein wichtiger Schritt nach vorne und heraus aus dem eigenen „Leid".

Und doch möchte niemand Sätze, wie: „Stell Dich nicht so an, anderen geht es viel schlechter!" hören. Denn welcher Mensch hat das Recht über das andere Leid zu urteilen??? Niemand! Auch Leid miteinander zu vergleichen halte ich für wenig sinnbringend – so nach dem Motto: Wer hat das schlimmere Leid?!!

Leid ist Leid. Und jeder, dem Leid widerfährt, hat ein Päckchen zu tragen, hat an seinem Leid zu knabbern.

Hilfreicher sind wohltuende Anteilnahme, Empathie und Akzeptanz! Denn damit nimmt man sein Gegenüber ernst und als Ganzes wahr!

Leid ist Leid – und manchmal ist man es auch leid… Das ist normal. Ich bin Vieles leid. Aber ich leide definitiv nicht an MS. Ich leide eher unter unempathischen Mitmenschen… ;)

Spaß beiseite: Es ist wichtig, dass wir uns klar machen, dass wir nicht im Leid versinken dürfen, denn dann sind wir verloren. Verloren im Tal, in der Schlucht des Leides und das Licht am anderen Ende des Tunnels scheint umso weiter entfernt. Es ist notwendig, dass wir das Licht immer im Auge behalten, dass wir Strategien entwickeln, uns aus einem tiefen Loch, einem Leid, wieder herausholen zu können. Hinfallen ist menschlich, Trauern ebenso, aber dann heißt es „Aufstehen und Krone richten"!

Ab wann ist Leid Leid???

Leid ist Leid –

und manchmal ist man es auch leid...
Das ist normal.

Ich bin Vieles leid.

Aber ich leide definitiv nicht an MS.
Ich leide eher unter

unempathischen Mitmenschen... ;)

by multiple-arts.com

*Enttäuschungen

Ich widme mich heute mal der „Enttäuschung", denn neulich wurde ich von einer mir nah stehenden Person sehr enttäuscht. Ich brauchte eine Weile um mich zu beruhigen, da bekanntlich jede Enttäuschung mit Emotionen einhergeht. Als ich mich etwas abgeregt hatte, tat ich das, was mir persönlich immer hilft: Ich googelte das Wort „Enttäuschung" und suchte nach Wegen dieser zu entfliehen – aber im Sinne von Begreifen und somit auch zum Verarbeiten.

Eine **Enttäuschung** bezeichnet das Gefühl, einem sei eine Hoffnung zerstört oder auch unerwartet ein Kummer bereitet worden. Sie ist etwas, das uns traurig macht, weil etwas unsere Erwartungen nicht erfüllt hat. Und schon stoßen wir auf ein anderes Wort: „Erwartung"!

„Enttäuschung ist das Ergebnis falscher Erwartungen" – das sagten schon in der Antike die Gelehrten und daran hat sich bis heute nicht verändert.

ENTTÄUSCHUNGEN

sind so etwas wie
Haltestellen unseres Lebens:

wenn man sie als Solche
wahrnimmt,
geben sie uns die
Möglichkeit
zum **Umsteigen**.

Nun ist die Frage, um welche Art der Enttäuschung es sich handelt: Ist es nur die günstige Schokolade vom Supermarkt, die uns im Geschmack enttäuscht, dann werden wir schnell daraus die Lehre ziehen, beim nächsten Einkauf eine andere Sorte zu wählen. So einfach sind aber die Enttäuschungen, die „etwas mit uns machen" nicht. Menschlich enttäuscht zu sein kann uns derart tief verletzen, dass wir Zeit brauchen, um diese Enttäuschung zu überwinden. Klar ist: Je größer unsere Enttäuschung ist, umso höher waren unsere Erwartungen und umso wichtiger war das Ereignis für uns.

„Man kann sich tatsächlich von einer auf die andere Minute von einem Menschen entfernen - Die Enttäuschung muss nur groß genug sein!". Das ist ebenfalls ein Spruch, auf den ich gestoßen bin.

Dann gibt es noch die Enttäuschung über sich selbst – und auch diese Enttäuschung ist herb! Oder es gibt die Enttäuschung, dass unser Körper nicht so gesund ist, wie wir es gerne hätten: Wenn wir beispielsweise chronisch krank sind. Wenn wir diese Enttäuschung nicht überwinden wird es uns schwer fallen wieder Lebensfreude zu empfinden.

Wohin also mit all unseren Erwartungen an uns selbst, an andere und an unseren Körper?

Fachleute sind sich einig, dass Enttäuschungen zum Leben gehören (müssen) und wir die Chance haben, daran wachsen zu können. Es heißt, dass wir eine „Erwartungshaltung" gehabt haben müssen, bevor wir enttäuscht wurden. Das bedeutet, wir haben gehofft, dass sich eine Person entsprechend unserer Erwartung verhalten oder Situationen so verlaufen würden, wie wir es uns gewünscht haben. Wenn dies nicht eintritt, wurde unsere Erwartung nicht erfüllt und vor allem wurden unsere BEDÜRFNISSE nicht befriedigt! Experten behaupten weiterhin, dass eine Enttäuschung lediglich eine „Täuschung" beseitigt (der wir erlegen sind) und dass wir daraus etwas Positives ziehen können: Nämlich Bilanz!

Nun könnte man schlussfolgern, dass man keine Erwartungen mehr haben dürfe, um nicht enttäuscht zu sein. Rein theoretisch mag das stimmen, aber was würde uns an Vorfreude, an Liebe und Zuneigung, an Schönem und Gutem genommen, würden wir keine Erwartungen mehr an uns, unser Leben und andere stellen? Wir hätten ein armes und nicht ereignisreiches, fast vorhersehbares und vermutlich langweiliges Leben.

Sinnvoll ist also, aus den Erfahrungen zu lernen - ohne verbittert und „hart" zu werden. Wir müssen lernen zu akzeptieren, dass Enttäuschungen zum Leben und zu einem Miteinander dazu gehören, fast unvermeidbar sind. Wir müssen lernen an uns zu glauben: Dass wir es schaffen, eine Enttäuschung zu überstehen und mit neuen Erkenntnissen daraus hervorzugehen vermögen.

Im menschlichen Miteinander ist es sicher wichtig, die Gefühle die uns begleiten, dem Gegenüber, das uns enttäuscht hat, mitzuteilen. Sachlich und möglichst wertfrei. Manchmal hilft es auch, sich mit einem Freund über seine Enttäuschung auszutauschen oder sie aufzuschreiben – so kann man sie verarbeiten. Auf jeden Fall sollte man auf Selbstvorwürfe verzichten, denn sie bringen außer hinzukommenden Schuldgefühlen so rein gar nichts.

Im Endeffekt muss man seine ERWARTUNG überprüfen: Was war das für eine Erwartung? War sie zu hoch? War sie notwendig oder essentiell?

Prinzipiell ist es wichtig sich zu erinnern, dass man nun seinen neuen Weg suchen sollte – um das Alte hinter sich zu lassen: Was habe ich aus dieser Situation gelernt und wie werde ich in Zukunft mit ähnlichen Erwartungen umgehen?

Ich habe mir durch diese Recherchen ein Stück Klarheit holen können und werde meine Erwartungen (in diesem Punkt) demnächst anpassen und weniger hoch schrauben. Im Endeffekt können wir die Menschen nur so annehmen wie sie sind. Auch wir selbst werden schon manch eine Person enttäuscht haben ohne es zu ahnen.

Einfach ist das nicht – es ist ein schwerer Weg, der auch einige Eingeständnisse mit sich bringt, der vielleicht auch Verhaltensweisen aufdeckt, die man gerne mal an sich überarbeiten darf. Klar ist eine gewisse Verbitterung auch dabei und ich merke auch meinen Trotzkopf: „Dann eben nicht!" ;) Das ist alles normal – das sind Emotionen, die sich ihren Weg bahnen…, die gesehen werden wollen und vielleicht gar bemuttert werden wollen. All dies dürfen wir uns auch gönnen und doch sollten wir auch nach Lösungsmöglichkeiten suchen. Ich bin mitten drin in diesem Prozess! ☺

Aber ein ganz anderes Thema ist die Erwartung an unseren MS-Körper. Ich glaube, da müssen wir die Erwartungen tatsächlich zurückschrauben. Ich nehme den heutigen „Status Quo" und werde ihn immer wieder neu bestimmen: So schaffe ich es, mich anzupassen - an meinen Zustand, an meine Beeinträchtigungen - denn hier nutzt es ganz sicher nichts, mit sich und dem Körper ins Gericht zu gehen. DAS nämlich können wir tatsächlich nicht ändern, wir müssen lernen es klaglos anzunehmen und zu akzeptieren und mehr im Hier und Jetzt zu leben.

Meine persönlichen Erwartungen an manche Menschen allerdings unterwerfe ich keinem „Status Quo"! Hier werde ich mich den Gegebenheiten stellen, den Situationen und Personen und auch meinen Erwartungen. Ich werde diese prüfen, sowie mich selbst ebenso und werde meine Schlüsse daraus ziehen. Nicht zum ersten Mal, denn Enttäuschungen gehören wirklich zum Leben, wie Freude und Genuss auch.

Getreu des Mottos: „HOFFNUNG ist der Anfang jeder neuen Enttäuschung", werde ich also neue Hoffnung schöpfen: Auf ein gutes Miteinander, auf selbstreflektiertes Handeln und auf Erwartungen, die erfüllbar sind. Manchmal schießt man vielleicht sogar über das Ziel hinaus und die Enttäuschungen spiegeln uns dies – wenn wir aufmerksam sind. Ich bemühe mich nun aufmerksam zu sein und blicke trotzdem hoffnungsfroh der Zukunft entgegen: Sowohl, was das Menschliche, aber auch das Körperliche betrifft.

Noch ein Zitat (von Ralf Kunke): „Man ist nicht enttäuscht von dem, was ein anderer tut, (oder nicht tut), sondern nur über die eigene Erwartung an den anderen.".

In diesem Sinne ergebe ich mich noch ein bisschen meiner Enttäuschung und den damit einhergehenden Emotionen und dann starte ich wieder durch! Sind wir das nicht von unserem täglichen Leben mit der MS gewohnt?!? Hinfallen, aufstehen, Krone richten – weiter geht's! Hallo MS; Hallo Enttäuschungen und der Wille, daraus zu lernen!

*Es ist wichtig, dass wir mit MS ein gutes „soziales Umfeld" haben

Es ist sogar sehr wichtig, denn MS und Psyche hängen eng zusammen; darüber habe ich auch in meinen Büchern schon viel geschrieben.

Was aber ist ein gutes soziales Umfeld?

Einige MS`ler haben mich gebeten, mal einen Text dazu zu schreiben und heute, mitten im Urlaub am Meer, kommen mir Gedanken dazu.

Ein gutes soziales Umfeld ist in nächster Nähe der Partner/In.

Ich spürte das heute sehr deutlich, als wir einen Strandspaziergang abbrechen mussten, weil ich einfach nicht mehr „konnte". Ich hatte keine Kraft mehr in den Beinen, wurde von einer allgemeinen Erschöpfung und Kraftlosigkeit überrascht – und schwupps, Ende-Peng!

In so einem Moment zählt nur noch, wie die Begleitperson, in meinem Fall mein Mann, damit umgeht und hier habe ich Glück mit meinem „allernächsten sozialen Umfeld"! ;) Denn er reagiert so, wie es am besten ist – er nimmt meinen Zustand wahr; ich bitte ihn umzukehren und ohne Drama drehen wir uns um, er reicht mir seine Hand zur Stütze und wir schleichen heimwärts. Ohne Aufhebens, ohne „Wenn und Aber", ohne Drama – einfach so.

DAS ist ein „gutes sozialen Umfeld"! ;)

Familie, Freunde, Kollegen, Nachbarn – auch das ist das soziale Umfeld und auch hier benötigen wir so oft Hilfe.

Was wir am meisten brauchen, ist, dass man uns glaubt, wenn es uns gerade schlecht geht und sofort handelt – ohne Drama.

Mein Lieblings-Vergleich ist immer Folgender: Einem Blinden würde man niemals zumuten, ein normales Buch lesen zu sollen. Einem Diabetiker würde man nie sein Insulin nehmen. Einem MS`ler sieht man oft die Symptome nicht an, aber er braucht die Stütze und das Verstehen - wie ein Diabetiker sein Insulin braucht.

Wenn wir uns in schweren Situationen noch lange erklären müssen, wenn wir um Verständnis bitten müssen – dann raubt uns das viel von unserer geringen Energie und wir verschwenden sie – übrigens auch an die gemeinsame Zeit.

Also ist es so wichtig, dass unser soziales Umfeld einen guten sozialen Umgang mit uns hat, dass wir uns gegenseitig vertrauen können und dass wir Betroffenen wissen, dass wir weder ein schlechtes Gewissen haben müssen, noch in Demut verfallen müssen, sondern dass es einfach so IST. Punkt!

Rücksichtnahme gehört zu jedem sozialen Gefüge dazu. In der Tierwelt ebenso, wie in unserer Welt. Ohne respektvollen Umgang ist kein soziales MITEINANDER möglich.

Und wir MS`ler nehmen ja auch immer mal auf Freunde/Partner etc. Rücksicht, oder nicht? Und tun dies im besten Falle ebenso ganz wertfrei.

Eine MS-Symptomatik kann sich verschlimmern, wenn man sich nicht verstanden fühlt. MS und Psyche hängen eng zusammen.

Jeder kennt die vegetativen Zusammenhänge, wie das Bauchgrummeln bei Angst oder Aufregung, sowie Herzklopfen oder Schweißausbrüche. Das kennt wirklich jeder Mensch. Bei MS verstärken sich **noch dazu** die jeweiligen Symptome. Eine Fatigue kann zu einer emotionalen Fatigue werden, wenn man beispielsweise schlimmen Streit hatte. Die schweren Beine können steif und kraftlos werden, wenn das soziale Gefüge nicht stimmt.

Aber, das ist auch wichtig: Es geht immer um ein MITeinander, ein gemeinsames Tun in respektvollen Umgang – deshalb ist es wichtig, dass der Betroffene auch lernt, sich klar zu äußern und dass er auch aufpasst, seinen Partner nicht zu überfordern. Es gibt immer 2 Seiten.

Und es ist IMMER ein Geben und ein Nehmen.

Aber MITFÜHLEN von unserem Gegenüber, der uns nahe steht, das dürfen wir erwarten.

*Es sind die Kleinigkeiten, die uns zeigen, dass etwas anders geworden ist.

Es sind die klitzekleinen Kleinigkeiten, die uns zeigen, dass wir MS haben.

Mal merken wir es beim Öffnen einer Wasserflasche. Die Kraft fehlt und wir bekommen sie nicht auf. Ein anderes Mal ist es die Verpackung unseres Lieblings-Käses, die sich als unüberwindbare Herausforderung offenbart, oder es sind die Schuhe, in die wir weder problemlos hinein-schlüpfen, geschweige denn sie vernünftig schließen können.

Es sind diese Kleinigkeiten, die ganz plötzlich und unvermittelt aufzeigen: Gestern hast Du es noch geschafft – heute nicht mehr.

Es sind diese Kleinigkeiten, die wir bemerken – eine Erinnerungslücke, ein Wort, das uns mitten im Satz fehlt oder wenn wir nicht mehr wissen, was es eigentlich mit dem Film von gestern auf sich hatte.

Es sind Momente nur, wenn wir wieder einmal feststellen, dass wir die Waschmaschine entweder gar nicht angestellt oder die Wäsche darin vergessen haben; wenn wir vergessen haben, eine E-Mail loszuschicken oder einen wichtigen Anruf zu tätigen.

Es sind diese Momente, wenn wir über einen „Ameisen-Knochen" stolpern und schwanken, als seien wir betrunken.

Es sind die Augenblicke, in denen heftige Schmerzen für Sekunden einschießen und uns die Luft zum Atmen nehmen, wenn wir Termine verbummeln oder beim Einkaufen die Hälfte vergessen…

Wenn wir so bleierne Gliedmaßen haben, dass wir uns nicht mehr bewegen können – obwohl unser Geist wach ist.

Wenn wir uns erschöpft nach dem Haareföhnen auf der Couch liegend wiederfinden.

Wenn die Fatigue mit Wucht zur Dauer-Fatigue hinzu kommt…

Wenn wir abends erschöpft sind, abgrundtief erschöpft – und nicht wissen von was.

DANN spüren wir: Es ist etwas anders. Wir sind anders, weil wir eine chronische Erkrankung haben. Wir leben unseren Rhythmus, unseren Alltag, wir passen uns an und nehmen zum Glück viele Beeinträchtigungen nicht mehr wahr.… Weil wir sie adaptiert haben in unser Leben.

Und dann kommen diese Momente, die uns zeigen: Es gibt sie doch, diese klitzekleinen Veränderungen – die MS ist DA! Unerbittlich. Aber morgen ist ein neuer Tag!

*Ganz selbstverständlich

Mit MS ist so VIELES nicht mehr selbstverständlich und doch integrieren wir sie und ihre Beeinträchtigungen ganz selbstverständlich – manchmal ohne nachzudenken – in unser Leben.

Mir fiel das neulich auf, als ich gefragt wurde, ob ich abends mit zu einer Feier komme. Ein Blick in den Kalender sagte mir, dass ich tagsüber eine wichtige Verabredung mit meiner Tochter habe, auf die ich mich schon ewig freute. Ganz selbstverständlich sagte ich den Abend-Termin nicht zu, denn ganz selbstverständlich war mir klar: Ich schaffe nur einen Termin am Tag.

Ganz selbstverständlich plane ich also nur einen Termin am Tag.

Ganz selbstverständlich plane ich nur kleine Strecken zum Laufen ein.

Ganz selbstverständlich schaue ich – egal wo ich bin – wo die nächste Toilette ist.

Ganz selbstverständlich berechne ich die Stufen, die sich vor mir auftürmen.

Ganz selbstverständlich suche ich mir einen Platz zum Hinsetzen, wenn ich auf einem Event bin. (Sogar auf einer Stehparty!).

Ganz selbstverständlich versuche ich meine Kräfte zu schonen.

Ganz selbstverständlich betreibe ich ein Energie-Management.

Ganz selbstverständlich halte ich mich irgendwo fest, um nicht umzufallen.

Ganz selbstverständlich hangele ich mich an der Wand entlang.

Ganz selbstverständlich plane ich für alles mehr Zeit ein.

Ganz selbstverständlich lege ich mir schon morgens Vieles parat und griffbereit hin um mir Lauf-Wege zu ersparen.

Ganz selbstverständlich bereite ich „Reisen" oder Ausflüge in besonderem Maße vor.

Ganz selbstverständlich …

Ganz selbstverständlich tue ich all dies ganz selbstverständlich.

Und ganz selbstverständlich fällt mir gar nichts mehr dazu ein. Nur in besonderen Momenten, wie dem oben erwähnten, merke ich, wie selbstverständlich mir meine Beeinträchtigungen, wie die Kraftlosigkeit, Erschöpfbarkeit und Fatigue, die Probleme mit dem Laufen und so weiter in „Fleisch und Blut" übergegangen sind. Zum Glück, denn das ist sinnvolle Krankheits-Bewältigung, die zumindest hilft, nicht immer wieder auf gewisse Handicaps „gestoßen" zu werden, sondern sie möglichst sinnvoll und kraftsparend im Leben zu integrieren. Ganz selbstverständlich. ;) Hallo MS; Hallo Tanz durchs Leben und Hallo Selbstverständlichkeit – das kann eine große Hilfe sein!

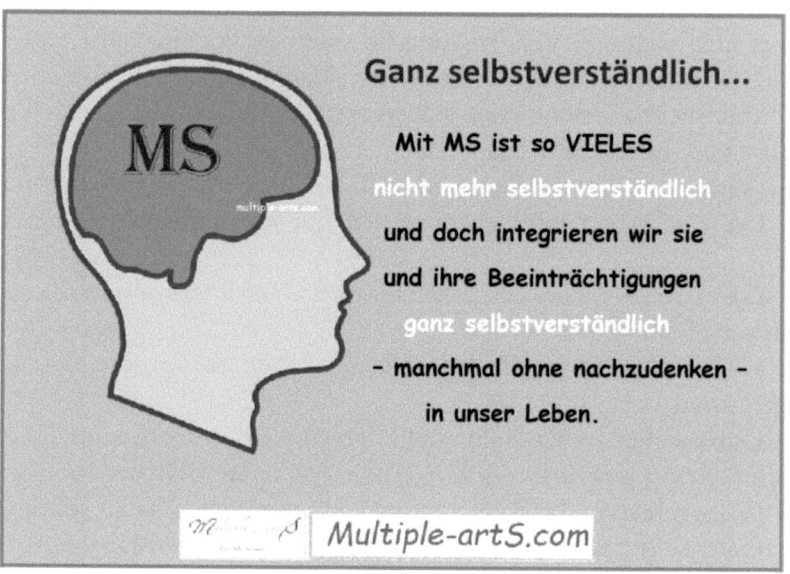

Gastbeiträge

Von Anja Dormann

1) Überlegungen zum Hilfe-Annehmen

Viele viele Jahre war es für mich fast unmöglich Hilfe anzunehmen.
Ich war es einfach nicht gewohnt und es war für mich immer ein
Zeichen von „Unfähigkeit": „Wenn ich Hilfe brauche, dann schaffe ich
es nicht alleine ...!". Und das wollte und konnte ich mir überhaupt nicht
eingestehen.

Ich musste schon immer alles selbst regeln und erledigen und
dadurch habe ich mich auch definiert.

Ob es um die Erziehung der Kinder ging, um das Planen eines Ur-
laubes oder eines Ausfluges, um Jobsuche, Schulwechsel und um so
viele andere Dinge: Ich habe alles eigenständig entschieden und geregelt.

Es ist auch etwas ganz anderes, ob wir mal vorübergehend Hilfe benötigen, weil wir gerade unpässlich sind, uns Dinge nicht so liegen -
Fremdsprachen zum Beispiel :) - oder ob wir dauerhaft Hilfe benötigen.

Es fing vor einigen Jahren schon an, als mir bewusst wurde, dass ich
beispielsweise Hilfe benötige, um vom Strand aus ins Wasser zu kommen. Durch ausgeprägte Sensibilitäts-Störungen an Füßen und Beinen
sacken meine Knie bei der kleinsten Berührung mit Wasser in sich zusammen und ich tanze den „Zitterfox"! Sobald ich dann im Wasser bin,
ist es gut - aber ich muss ja erst einmal hinein kommen. Dies ist aber
eine vorübergehende Hilfe, denn ich bin ja nicht ständig im Urlaub! :)

Als es dann beim Treppensteigen immer schwieriger wurde, sowie
beim längeren Stehen oder weiterem Laufen, musste ich mir eingestehen, dass es sooooo nicht weiter geht.

Und allerspätestens dann kamen meine Freunde, Kollegen und Arbeitgeber ins Spiel.

Für mich war das sehr sehr schwierig, da ich damit überhaupt nicht umgehen konnte - beziehungsweise es auch nicht wollte! Ich wollte ja funktionieren, ich wollte alles können und ich wollte NICHT auf Hilfe angewiesen sein.

Das alles machte es für mich selbst, wie auch für mein Umfeld, extrem schwer. Sie konnten sehen, dass es mir teilweise nicht gut ging, aber zugeben konnte ich es nicht.

Meine erste Reha vor zwei Jahren (nach 23 Jahren MS) und die darauffolgende Teil-Erwerbsminderungsrente verwiesen mich dann glücklicherweise auf den Platz, an dem ich heute stehe.

Hilfe anzunehmen, darum zu bitten oder diese auch mal abzulehnen funktioniert nur mit gegenseitigem Vertrauen: Ich muss mich wohl- und angenommen fühlen können und nicht die Befürchtung haben müssen, dass ich mich in irgendeiner Art beweisen muss. Einfach ein Teil des Ganzen sein zu können - so wie ich bin.

Und auch „gesunde" Kollegen haben mal schlechte Zeiten. Auch sie haben Schmerzen, sind krank oder fühlen sich einfach mal schlecht. Das ist völlig ok. Nur weil wir MS haben, sind die Befindlichkeiten und Probleme anderer nicht weniger wichtig.

Auch wir fühlten uns „vorher" mit einer Erkältung oder sonstigen Einschränkungen schlecht und waren krank. Das sollten wir nicht vergessen!

Kollegen sind nicht immer auch gleichzeitig Freunde und von daher ist es auch völlig normal, dass nicht zu jeder Zeit und in jeder Situation Rücksicht genommen wird. Die Arbeit muss gemacht werden und wenn wir es nicht können, muss sie ein Kollege übernehmen - was für den/diejenige dann Mehrarbeit bedeutet.

Es sind viele Dinge, die ich noch erledigen kann und wenn ich es körperlich schaffe, dann bin ich auch froh darüber, wenn ich diese dann übernehmen kann. Schlechter wird es im Laufe des Tages sowieso und dann nehme ich gerne und dankbar Hilfe in Anspruch.

Ich sehe die Bemühungen meiner Kolleginnen, ihre angebotene Hilfe - die ohne groß zu fragen einfach DA ist: Ihr Mitdenken beim Planen von Feiern, Arbeitsabläufen und so weiter - und ich bin wirklich sehr dankbar dafür.

Sie bereiten mir ein Umfeld, in dem ich einfach so sein kann wie ich bin. Ich kann sagen, wenn etwas gerade nicht funktioniert - ohne, dass ich mich überflüssig fühle und wir können zusammen über meine „Schusseligkeit" oder auch über meinen „Redefluss" lachen, wenn ich vergessen habe, was ich eigentlich sagen wollte - aber nicht aufhören kann zu reden, um doch noch zum richtigen Ergebnis zu kommen! :)

Bessere Kolleginnen und Chefs könnte es für mich gar nicht geben! Tausend Dank dafür - und auch dafür, dass unser Miteinander viel mehr ist, als nur „Kollegen" zu sein. :)

Vielen Dank auch an meine liebe Kollegin Brigitte, die inzwischen zu einer sehr sehr guten Freundin wurde - mit der ich auch privat einiges unternehme, die immer für mich da ist und auch manchmal so einiges aushalten musste! :)

2) Warum wir unsere MS so lange geheim halten

Warum wir unsre MS so lange geheim halten, beziehungsweise es erst mal nur ganz wenigen Menschen sagen, hängt bestimmt auch mit der Tatsache zusammen, dass wir unsere Bedenken, dass wir dann erst wesentlich später für „merkwürdig" oder „schwierig" gehalten werden, vertagen können.

Während wir direkt nach der Diagnosestellung meist noch wesentlich offener und freizügiger unsere Krankheit kundtun, einfach auch weil es uns belastet und wir es loswerden wollen, merken wir im Laufe der Zeit, dass uns viele Reaktionen unserer Mitmenschen wesentlich mehr schmerzen und verletzen als es das Verschweigen könnte.

Sobald man sich mitteilt, bildet sich der andere eine Meinung! Da zu Beginn selten Probleme im Außen auffallen, wirken wir auf andere sehr mysteriös, denn sie wissen nicht, was dahinter alles steckt.

Mysteriös zu wirken mag ja mal ganz nett sein, aber dazu auch noch krank zu sein, ist noch mal eine andere Hausnummer.

Wenn jemand von Beginn an nicht laufen, nicht sehen, schmecken oder riechen kann, so ist das FAKT und es wird gar nicht erst versucht es in Frage zu stellen.

Bei den Symptomen der MS ist es meist anders.

Zu schnell kommen wir dann in die „Psycho"-Schublade und bekommen diesen Stempel aufgedrückt.

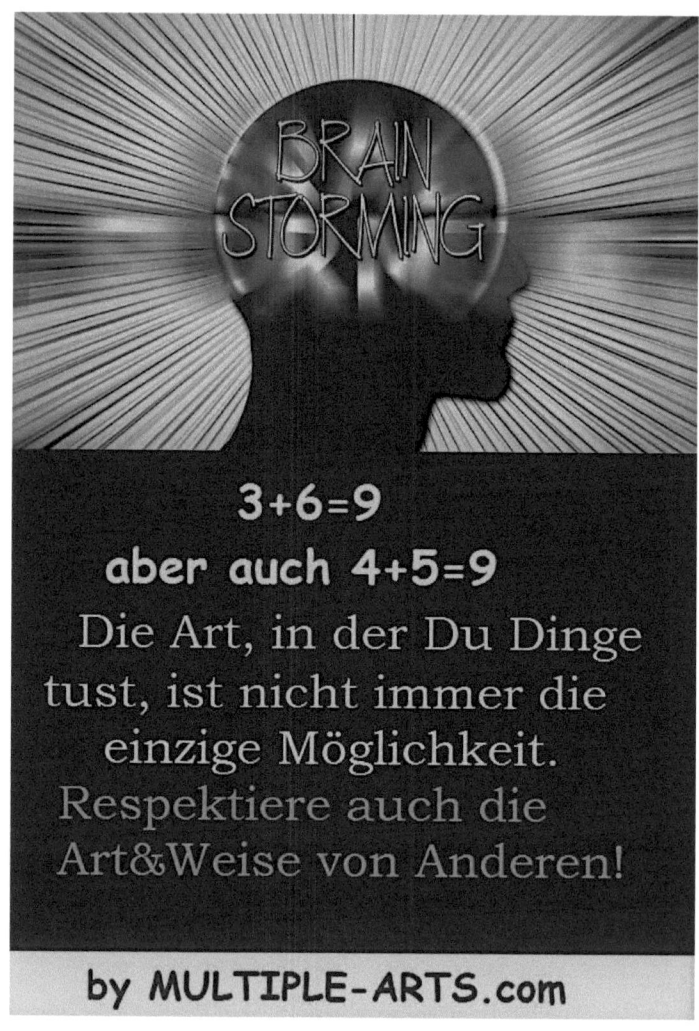

Warum fühlen wir uns von einer Sekunde auf die andere plötzlich total überfordert?

Geräusche beispielsweise, die wir eine ganze Zeit lang gut aushalten konnten, werden urplötzlich zu einer nervlichen Überlastung und lassen uns schier verzweifeln.

Unterschiedliche Eindrücke, die auf uns einprasseln, können wir eine Zeit lang gut verarbeiten, aber von jetzt auf gleich gibt es einen Kurzschluss im Hirn und nichts geht mehr.

Erkläre DAS mal Deinen Mitmenschen!

Die Reaktion darauf ist meist geprägt von Unverständnis - und die Blicke, die wir oft ernten, sagen meist schon alles aus.

Um das Ganze zu umgehen, schweigen wir oft, spielen unsere Symptome herunter und versuchen so gut wie möglich einfach weiter zu machen.

Manchmal kapseln wir uns auch ab, da Konfrontation und Erklärungsversuche oft nicht wirklich angenommen werden, beziehungsweise für viele nicht nachvollziehbar sind.

Gerade zu Beginn möchten wir auch so wenig wie möglich Sprüche hören wie: „Das wird schon wieder!", oder „XY lebt sehr gut damit!".

Unser Leben hat sich von heute auf morgen total gewandelt und nichts ist mehr so wie es einmal war. Da möchten wir wenigstens noch so behandelt werden wie wir es gewohnt sind.

Wir müssen das Ganze erst einmal irgendwie gedanklich für uns geregelt bekommen und verständnislose Blicke, sowie Sprüche, lassen uns noch kränker wirken als wir es sind.

Wenn es „sichtbar" wird oder wir zum Beispiel im Fall der Fatigue nicht mehr anders können - dann, ja dann müssen wir uns outen!!!

Der Weg des Verstehens ist dann zwar immer noch sehr weit, aber dann müssen wir uns ihm stellen!

Müssen uns eingestehen, dass wir mysteriös krank sind!

PERSPEKTIV-WECHSEL

**Dieses Kapitel ist sicherlich ein ganz Besonderes,
da es die PERSPEKTIVE der Betrachtung wechselt!**

Ich habe Angehörige von Betroffenen befragt, wie sie den Umgang mit dem chronisch Kranken empfinden, wie sie es empfinden, Hilfe zu geben oder wenn diese abgelehnt wird.

Hier werden beide Seiten gehört und die Antworten sind so unglaublich ehrlich und wundervoll!

Viel Vergnügen und auch Wiedererkennen beim Lesen!

INTERVIEW

Ihr Lieben,

Ihr seid Angehörige (Familie, Freunde, Kollegen) einer chronisch kranken Person.

Da ich gerade an einem Buch zum Thema „Hilfestellung" schreibe, würde es mich interessieren, wie Ihr die Krankheit Eures Angehörigen seht und wie Ihr damit umgeht und was Ihr zum Thema Hilfestellung zu sagen habt.

Ganz lieben Dank dafür schon mal!

Ich schreibe unter jede Frage die jeweilige Antwort:

a) **Brigitte, 53 Jahre**

b) **Axel, 50 Jahre** (Name geändert)

c) **Nathi, 29 Jahre**

d) **Jessi, 21 Jahre**

e) **Jan, 34 Jahre** (Name geändert)

1) **In welchem Verhältnis stehst Du zu Deinem betroffenen Angehörigen?**

   a) Freundin, Kollegin

   b) Freund

   c) Kollegin

   d) Arbeitskolleginnen

   e) Meine Freundin

2) **Sieht man ihm die Erkrankung an?**

   a) Ja, es ist auch tagesabhängig: Mal mehr, Mal weniger – beim Laufen oder Stehen

   b) Kaum

   c) Ausschließlich beim Stehen und Gehen

d) Ich persönlich finde nicht, dass man ihr die Erkrankung direkt ansieht. Ich denke, dass das, was auch Außenstehenden auffällt, ihre Gang-Unsicherheiten sind, die ab und an auftreten. Ansonsten bemerkt es nur eine nahestehende Person, wenn es ihr nicht gut geht.

e) Teilweise: Gangunsicherheiten.

3) Wie gehst Du mit sichtbaren Beeinträchtigungen um – wie ist das für Dich?

a) Für mich völlig normal – Ich habe sie so kennengelernt.

b) Sichtbare Beeinträchtigungen sind für mich greifbarer und damit völlig unproblematisch

c) –

d) Auf jeden Fall versuche ich bei sichtbaren Beeinträchtigungen Hilfestellung zu geben. Gerade in Bezug auf die Arbeit: Ihr Wege zu ersparen und Dinge abzunehmen, wenn es zu viel wird. Jedoch habe ich auch gelernt, dass es nicht unbedingt hilft, ihr alles abnehmen zu wollen, da es das auch nicht unbedingt besser macht in manchen Situationen.

e) Das macht mir meistens gar nichts aus, aber manchmal ist es natürlich (gerade in Gesellschaft) anstrengend.

4) Wie gehst Du mit unsichtbaren Symptomen um? Sind sie für Dich real?

a) Ich merke wenn es ihr schlecht geht: manchmal durch leichte Aggressivität oder Nervosität

b) Leider nein. Es ist schwer für mich, sie zu begreifen – vor allem die Fatigue!

c) Nein, ich frage mich sehr oft wie es ihr gerade geht und wie sie sich fühlt.

d) Meistens sind unsichtbare Symptome für mich nicht real. Es gibt aber Situationen, in denen man darüber nachdenkt, wie es jetzt für sie sein muss. Gerade bei hohen Temperaturen oder bei Stress auf der Arbeit – also in Situationen, in den Menschen ohne Erkrankung schon zu hadern haben. Wie muss es dann für die Person selbst sein?

e) Meine Freundin hat viel mit der Fatigue zu tun und das ist schon manchmal nervig. Es ist im Endeffekt ok und wir können gut damit umgehen, aber es beeinflusst unser Leben schon sehr!

5) Was tust Du, wenn Du der Meinung bist, Dein Angehöriger könnte Hilfe gebrauchen?

a) Ich versuche ihr zu helfen wenn es geht, was aber nicht immer einfach ist.

b) Unterschiedlich: Manchmal frage ich nach, manchmal helfe ich so gut ich kann von selbst.

c) Ganz einfach: Ich helfe! :) Ohne zu fragen - Ablehnen kann sie jederzeit!

d) Ich biete ihr direkte Hilfestellung an. Jedoch akzeptiere ich mittlerweile den Satz: „Das macht es auch nicht besser!". Wenn ich ganz konkret nach Hilfe gefragt werde, ist es – denke ich – normal, Hilfe zu leisten, vor allem, wenn man der Person näher steht.

e) Dann helfe ich sofort!

6) Hilfst Du, wenn Du um Hilfe gebeten wirst, immer, oder grenzt Du Dich je nach Situation ab?

a) Für mich ist es selbstverständlich zu helfen, wenn man mich darum bittet.

b) Ich entscheide nach Situation. Ich helfe gerne, aber es gibt auch Grenzen.

c) Ich helfe sofort und zu jeder Zeit (wahrscheinlich manchmal zu viel) :)

d) –

e) Ich helfe nach Möglichkeit immer.

7) Kannst Du Dich in den chronisch Kranken hineinfühlen?

a) Schwer zu beantworten: Ich versuche es, was wahrscheinlich nicht immer gelingt

b) Ich versuche es, aber es fällt mir oft schwer.

c) –

d) Es ist schwierig, sich in die Person hineinzufühlen. Jedoch hilft es mir viel darüber zu sprechen, um mehr von der Krankheit zu erfahren und um in manchen Situationen die Person besser verstehen zu können. Dadurch kann man bessere und passendere Hilfestellung anbieten wenn sie gebraucht wird.

e) Nicht immer. Gerade wenn man das Symptom nicht sieht, muss man es einfach glauben – und das kann sehr anstrengend sein, aber für meine Partnerin möchte ich natürlich immer da sein!

8) Wie geht er mit Deinen angebotenen und konkreten Hilfestellungen um?

a) Verschieden: Manchmal muss ich mit Nachdruck meine Hilfe anbieten, oder es einfach machen!

b) Manchmal lehnt er meine Hilfe brüsk ab – das verunsichert mich dann!

c) Unterschiedlich – das hängt immer von der ganz aktuellen Situation ab.

d) Meine angebotene Hilfe wird gerne angenommen. Aber es braucht meistens keine Fragen, ob man helfen kann, da vieles ohne Worte funktioniert. Man merkt nach einiger Zeit, wann Hilfe gebraucht werden könnte (und wann nicht) und nimmt ihr Manches ab.

e) Manchmal lehnt sie meine Hilfe ab: Ohne Erklärung und das macht es schwierig. Dann nimmt sie die Hilfe wiederum auch gerne an oder fordert sie ein. Für mich ist das oft eine Gratwanderung!

9) Ist Hilfe geben einfach?

a) Eigentlich ja, aber manchmal meint man es zu gut und dann kommt eine „Ansage" wie: „Ja, Mama!"

b) Nein, sondern kompliziert!

c) Für mich JA!

d) Für mich ist Hilfe zu geben einfach – es macht mir Spaß.

e) Wenn sie angenommen wird, ist es ein schönes Gefühl. Ich bin gerne für meine Freundin da!

10) Ist Hilfe annehmen einfach?

a) Für einen Außenstehenden ja, aber wenn man betroffen ist, dann glaube ich, dass es nicht immer so ist.

b) Kommt auf die Situation an.

c) Ja!

d) Ich denke, dass Hilfe anzunehmen leicht ist. Man muss eventuell ab und an seinen Stolz ablegen um nach Hilfe zu fragen und diese dann anzunehmen.

e) Ich würde umgekehrt gerne Hilfe annehmen und verstehe es deshalb nicht, dass sie die Hilfe nicht immer annehmen möchte!

11) Wie empfindest Du es, ganz ehrlich, wie es ist, mit einem chronisch kranken Menschen zusammmen zu sein?

a) Für mich wie mit jedem anderen. Eigentlich sollte so eine Frage nicht gestellt werden!

b) Manchmal sehr anstrengend, da ich nicht in ihn hineingucken kann und nicht weiß, wie es ihm geht.

c) Es ist schön! Es gibt mir das Gefühl für sie da sein zu können und ihr in der kurzen Zeit, die wir haben, eine Stütze zu sein.

d) Es macht für mich keinen Unterschied, ob jemand chronisch erkrankt ist oder keine Erkrankung hat. Man lernt auch einiges dazu, vor allem in Sachen „Hilfestellung" – wann sie gebraucht wird und wann nicht.

e) Das Leben wird deutlich komplizierter – man ist als Paar mehr gefordert, mehr Rücksichtnahme, mehr Absprachen, aber es lohnt sich!

12) Wie gehst Du mit sichtbaren Beeinträchtigungen Deines Angehörigen um?

a) Ihr zu helfen und für sie da zu sein.

b) Das ist für mich kein Thema, da ich dann sehe, was er an Hilfe braucht.

c) Nicht anders, als mit anderen Kollegen auch. Anja ist mit ihrer lustigen und fröhlichen Art stets eine Bereicherung für mich.

d) Ich versuche ihr ohne große Worte Hilfestellung zu geben und wenn nötig, ihr Dinge abzunehmen - vor allem solche, die ihr den Arbeitstag angenehmer gestalten.

e) Kein Thema für mich! Ist OK!

13) Wie gehst Du mit den unsichtbaren Symptomen um? Sind sie für dich real?

a) Für mich völlig normal.

b) Nein, nicht immer. Ich bräuchte dann, dass man mir sagt, was ich tun soll.

c) Nein, aber ich wünschte, es würde ihr für immer gut gehen. Leider bleibt dieser Wunsch unerfüllt.

d) -

e) Je nach Situation ... Real? Schwierig...

14) Wie gehst Du damit um, wenn Du Hilfe anbietest und sie abgelehnt wird? Wie ist das dann für Dich?

a) Das kommt darauf an: Manchmal ist es verletzend und manchmal merke ich, dass ich es mit meiner Hilfe übertrieben habe.

b) Das ist manchmal schwer für mich. Da möchte man mal helfen und die Hilfe wird abgelehnt. Manchmal verstehe ich es einfach nicht.

c) Das ist für mich völlig in Ordnung.

d) Es ist absolut in Ordnung, wenn keine Hilfe gebraucht wird und somit die Hilfestellung abgelehnt wird. Man selbst lehnt - denke ich - auch oft Hilfe ab und so muss man es bei jemand anderem auch akzeptieren.

e) Ich habe gelernt, das zu akzeptieren, aber ich verstehe es ganz oft einfach nicht. Es könnte oft viel einfacher sein, wenn sie Hilfe annehmen würde.

15) Was ist für Dich das Schwierigste im Umgang mit einem chronisch Kranken in Bezug auf Eure Situation (Beruf, Partnerschaft, Freund, Verwandtschaft)?

a) Die Situation richtig einzuschätzen wie es ihr geht, ob und wie ich ihr helfe. Was sage ich zu anderen (z.B. Kollegen, Chef), wenn sie mich über ihr Wohlbefinden fragen?

b) Dass ich nie weiß, wie es ihm geht und daher auch nicht gut weiß, wie ich reagieren und helfen soll und kann.

c) Schwierig ist für mich nur, nicht zu wissen wie es ihr gerade geht, beziehungsweise ob sie Schmerzen hat. Aber dann frage ich sie einfach und „gut ist"! :)

d) Es bestehen keine Schwierigkeiten. Ich freue mich jedes Mal mit ihr zusammenzuarbeiten und der Arbeitstag funktioniert – egal mit welchen Höhen und Tiefen – ohne große Worte und mit viel Spaß.

e) In unserer Beziehung erfordert es viel Fingerspitzengefühl (von beiden Seiten) und manchmal ist es ein „Tanz auf rohen Eiern"! Aber man kann alles schaffen, wenn man den Willen dazu hat!

16) Was möchtest Du noch loswerden?

a) Man sollte jeden Menschen, egal ob krank oder gesund, so behandeln, wie man selbst behandelt werden möchte!

b) Ich fände es wichtig, dass mir mein Freund öfters mal sagt, wie es ihm geht und welche Hilfe er gerade benötigt! Ich kann ja nicht zaubern! Das macht es sehr schwierig!

c) Liebe Anja, ich bewundere Dich und Deine unfassbare Stärke und Willenskraft! Du bist ein wunderbarer, ehrlicher herzensguter Mensch! Bleib wie Du bist, denn Du bist perfekt! Ich bin froh eine Kollegin wie Dich zu haben. HDL, Nathi!

d) Mir würden die Arbeitstage ohne sie unglaublich fehlen und es gäbe mit Sicherheit sehr viel weniger witzige und vor allem in Erinnerung bleibende Momente!

e) Ich kann nur sagen: Wenn man eine Person liebt, ist es möglich, auch schwierige Wege miteinander zu gehen. Darüber zu reden wäre vielleicht nicht unwichtig – das müssen wir noch lernen!

Ganz lieben Dank für Eure Offenheit und dass Ihr Euch bereit erklärt habt, mit Euren Beiträgen so bereichernd mitzuwirken!

Meine Zusammenfassung/Fazit

Ich möchte noch ein Erlebnis einfügen, das mir eine liebe MS-Freundin, noch kurz bevor das Buch fertig wurde, berichtet hat. Hier sieht man deutlich den „Schlamassel" und die Gratwanderung zwischen Liebe, Hilfe Annehmen und Hilfe Ablehnen und wie schwer es ist, dass beide Parteien unbeschadet aus der Situation herauskommen:

B. hat MS und war alleine mit dem eigenen Auto auf einer Feier. Sie kennt den Weg und dachte, dass sie den Rückweg auch gut schaffen würde. Aber MS ist unkalkulierbar und so kam es, dass es ihr an dem Spätnachmittag nicht gut ging und vor allem nicht gut genug, um mit dem Auto nach Hause fahren zu können. Sie entscheid sich dann, ihr Auto stehen zu lassen und nahm das Angebot einer Freundin an, sie heim zu bringen. Nun musste noch geklärt werden, wie das Auto in den nächsten Tagen wieder zu ihr nach Hause käme und es wurden einige Vorschläge überdacht. Sie fragte dann aber ihren Ehemann, ob er sie nicht dorthin fahren könne, damit sie ihr Auto zurückfahren könnte. Der Ehemann reagierte sehr unwirsch (womit sie, da sie sein Verhalten aus ähnlichen Situationen kennt, schon gerechnet hatte). Trotzdem wollte sie sich „trauen", ihn um Hilfe zu bitten.

Hier sieht man schon, dass um Hilfe zu bitten nicht immer so einfach ist, wie es uns die Theorie weismachen möchte. Alte (verfahrene) Rollenmuster können dies schwierig gestalten. Und auch die Erwartungshaltung der beiden ist interessant: Er erwartet, dass sie diese Situation regelt ohne ihn zu belasten und sie würde sich freuen, wenn er unkompliziert handeln würde. Zwei Erwartungshaltungen und Wünsche, zwei Menschen.

Er lehnte die Frage nach der Hilfe ab, allerdings nicht ohne ein paar unschöne Bemerkungen zu machen und sie konnte es so nicht wertfrei stehen lassen. Das heißt, sie fühlte sich verletzt und in ihrem MS-Dilemma nicht ernst genommen und da dies nicht zum ersten Mal geschah, löste es eine Reihe von Verletzungen aus (auch an alten, vergangenen Verletzungen). Es schaukelte sich hoch und gipfelte im Streit.

Später kam der Ehemann auf B. zu und bot ihr an, sie doch zu fahren. Sie wiederum konnte sich nicht wirklich darüber freuen, weil sie einfach keine konstruktive Auseinandersetzung hatten und noch viel zu viel im „Raum" schwebte.

Diese Geschichte zeigt uns, dass das Thema „HILFE" sehr mit Emotionen besetzt ist – von beiden Seiten aus. Keiner der beiden hat sich wohl gefühlt dabei.

Und dabei könnte es doch so einfach sein, wenn nicht so komplexe Verhältnisse vorhanden wären. Sie könnte ohne „Angst" fragen, er könnte „Ja" oder „Nein" antworten und die Sache wäre erledigt.

Da dies nun so schwierig und unerfreulich abgelaufen ist, wird sie vermutlich (so hat sie sich mir gegenüber geäußert) ihren Mann nicht mehr so schnell um Hilfe bitten und daraus wird sich weiterhin ein Gefühl des Unverstanden-Seins hindurchziehen. Er wiederum ist in seiner Welt gefangen und hat sich geärgert, dass sie ihn überhaupt fragte, da er kaum Zeit hätte. Schwierig.

Hilfe Annehmen, Hilfe Geben – ein emotional mehr als hoch belegtes Thema!

Und somit ist die Angelegenheit der „Abgrenzung" ebenfalls eine solche hochemotionale Materie.

Die Angst vor Zurückweisung scheint in den meisten Menschen extrem stark verankert zu sein, zumal damit auch gleich gewisse Schuldgefühle erwachen können. Aber: Wenn wir immer auf unsere eigenen Ängste und Unsicherheiten Rücksicht nehmen, sowie auf die „Befindlichkeiten" des anderen, machen wir uns nicht nur sehr klein, sondern auch abhängig von anderen und verspielen auf unterwürfige Art und Weise unser RECHT auf Selbstbestimmung! Unser Recht auf freie Meinung und Selbstbestimmtheit!

Deshalb müssen wir einfach gnädig mit uns sein – und mit Geduld diesen Weg gehen. Je näher oder intensiver eine Beziehung ist, desto verzweigter und komplexer ist sie auch. Dies beinhaltet alte Glaubenssätze, alte Traditionen, Strukturen und Verhaltensmuster, aus denen es sich nicht von heute auf morgen ausbrechen lässt.

Ein wichtiger Leitsatz sollte sein:

✓ **Der Schlüssel eines respektvollen, sinnvollen und weisen Lebens besteht darin, uns selbst zu behaupten, ohne anderen Schaden zuzufügen! In Würde und Achtung uns selbst und dem Anderen gegenüber!**

Diese Gratwanderung zwischen friedlicher liebevoller Selbstbehauptung, Selbst-Wertschätzung- und Liebe, sowie Abgrenzung ohne den anderen zu verletzen, ist eine weitere Königsdisziplin!

Es ist auch nicht gut, ständig zu allem „Ja und Amen" zu sagen, nur um anderen zu gefallen oder um ihnen zu imponieren - und dies nur, um nicht anzuecken oder Streit aus dem Weg zu gehen.

Das heißt: Sich selbst zu behaupten, ohne jemand anderen zu kränken, ist NOTWENDIG und immer zu beachten. Im Grunde ist es eine Sache der Ideologie und des eigenen Verhaltens, wie man damit umgeht - was nicht einfach ist, da es nur wenige Menschen in ihrer Kindheit vorgelebt bekamen.

Wie schon im Buch erwähnt, sind hier falscher Stolz oder ein „Sich über andere erheben" völlig fehl am Platze — es geht immer nur um gegenseitige Achtung und Wertschätzung, wenn man sich sinnvoll und auch nachhaltig abgrenzen möchte.

✓ Abgrenzen: JA; Beleidigen und Verletzen: Nein!

Oft sind wir in unserem „Wahn", anderen gefallen zu wollen tatsächlich nicht mehr BEI UNS, sondern stehen neben uns: Wir sind „außer uns"! Dann wird der Blick getrübt — auf uns selbst und auf unser Gegenüber. Immer nur die Bestätigung bei unseren Mitmenschen zu suchen, um mit Wertschätzung bedacht zu werden, kann nicht gut gehen, da es nicht voller Würde geschieht, sondern eher unterwürfig und vor allem ängstlich! Ohne Würde können wir uns selbst keine Wertschätzung entgegenbringen und das Dilemma nimmt seinen Lauf!

Abgrenzen und Nein zu sagen: Ohne Angst oder ohne schlechtes Gewissen - das bedeutet sich selbst Wertschätzung und Respekt entgegenzubringen und vor allem sich selbst treu zu bleiben!

Wenn wir also diese Authentizität leben möchten - wahrhaftig leben und praktizieren möchten - dann ist Abgrenzung und Nein-Sagen einfach NOTWENDIG um weiter zu kommen, um sich weiter zu entwickeln und um nicht stehen zu bleiben.

Und immer wieder dürfen wir uns vor Augen halten: Wer uns wirklich mag oder liebt, der wird ein NEIN auch aushalten und uns weiterhin mögen! Das ist Liebe und Freundschaft! :)

ZITATE

Ich arbeite auf meiner Facebook-Seite <u>MULTIPLE ARTS</u> viel mit Zitaten und Sprüchen, da ich der Meinung bin, dass uns das Nachdenken und auch mal der Blick aus einer anderen Perspektive gut tun können und vor allem: Zitate HELFEN uns manchmal klarer zu sehen.
Also habe ich ein paar schöne Zitate zusammengetragen:

- Der eine bedarf der Hilfe des anderen.
  Sallust

- Wenn jeder dem anderen helfen wollte, wäre allen geholfen.
  Marie Freifrau von Ebner-Eschenbach

- Wenn der Blinde den Lahmen trägt, kommen beide fort.
  Unbekannt

- Man hilft den Menschen nicht, wenn man für sie tut, was sie selbst tun können.
  Unbekannt

- Man kann nicht allen helfen, sagen manche Leute, und helfen keinem.
  Peter Frankenfeld

- Nicht genug, dem Schwachen aufzuhelfen, auch stützen muss man ihn.
  William Shakespeare

- Man kann den Menschen nicht auf Dauer helfen, wenn man für sie tut, was sie selbst tun können und sollten.
Abraham Lincoln

- Eigentlich sollte man einen Menschen überhaupt nicht bemitleiden, besser ist es, man hilft ihm.
Maksim Gorki

- Nichts ist hilfreicher als eine Herausforderung, um das Beste in einem Menschen hervorzubringen.
Sean Connery

- Die Menschen, denen wir eine Stütze sind, geben uns den Halt im Leben.
Marie Freifrau von Ebner-Eschenbach

- Man muss sich gegenseitig helfen, das ist ein Naturgesetz.
Jean de La Fontaine

- Takt ist die Fähigkeit, einem anderen auf die Beine zu helfen, ohne ihm dabei auf die Zehen zu treten.
Curt Goetz

- Man kann einen Menschen nichts lehren, man kann ihm nur helfen, es in sich selbst zu entdecken.
Galileo Galilei

Mit MS

- erstellt man Listen von Dingen, die man erledigen muss....

  Nur um sich daran zu erinnern, dass man die Hälfte nicht schaffen wird. Das heißt, in unserem Kopf findet ein Verrat an unseren Verstand und Körper statt! ☹

- versagen die Muskeln, die früher laufen, schwimmen und tanzen konnten...

  Und man hat das Gefühl, die Beine nie wieder vom Boden heben zu können.

  Und plötzlich sind die Beine Dein Feind und nicht mehr Dein verlässlicher Freund.

  Denn man weiß nie, wann oder wo die Symptome als nächstes zuschlagen werden. ☹

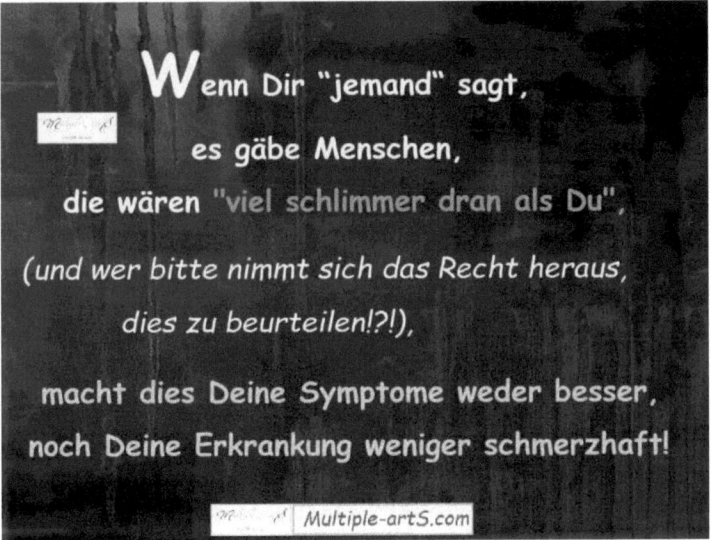

Wenn Dir "jemand" sagt,

es gäbe Menschen,

die wären "viel schlimmer dran als Du",

(und wer bitte nimmt sich das Recht heraus,

dies zu beurteilen!?!),

macht dies Deine Symptome weder besser,

noch Deine Erkrankung weniger schmerzhaft!

Multiple-artS.com

Schlusswort

Liebe Leser,

ich hoffe ich konnte Sie mitnehmen auf die Reise – eine Reise zum Thema Hilfe, Selbstliebe, Vergebung, Abgrenzung, NEIN-Sagen und zu sich selbst!

Wenn Sie sich auf den Weg machen möchten, seien Sie bitte gnädig und geduldig mit sich selbst. Solch ein Prozess muss gelebt und erfahren werden und kann nicht von jetzt auf sofort umgeschaltet werden.

Ich möchte zum Abschluss noch ein Beispiel erzählen, das ich während des Schreibens dieses Buches erlebt habe.

Aus Datenschutzgründen muss ich es etwas entfremden, aber es ging darum, dass ich einen Vertrag unterzeichnen sollte, der so für mich nicht stimmig war. Es haben 2 Herzen in mir geschlagen: Einerseits das alte bequeme Ich, das sagte: „Ach, das wird schon und Du ersparst Dir viel Ärger, wenn Du einfach unterschreibst!", und mein neues – auch durch die Recherchen an diesem Buch - gewachsenes Ich, das seine WERTIGKEIT erkannt hat! :)

Diese Wertigkeit habe ich nun vehement vertreten. Ich bin für mich und meine Ideen eingestanden und habe klar benannt, dass mir die Änderung im Vertrag wichtig IST! Mir war (in „Gesprächen" mit mir selbst) dann auch klar, dass es nur ein „Entweder - Oder" geben würde. Das heißt, ich war mir bewusst, dass ich eventuell folgende Konsequenzen tragen müsse. Mein Entschluss stand schnell fest: Ich werde den Vertrag – mit allen Konsequenzen – so nicht unterschreiben, da ich mich sonst verbiegen müsste und nicht mehr authentisch sein könnte. Ich habe auch deutlich erklärt, warum mir das wichtig sei.

Es war eine enorm zähe und wirklich nicht schöne telefonische Verhandlung, die mir einiges abverlangt hat.

Aber: Ich habe mich selbst wertgeschätzt und zwar GENUG, dass ich dies kommuniziert habe – ich habe JA zu MIR gesagt und ein NEIN ins Außen getragen. Ich habe das, was ich hier alles im Buch zusammengefasst und recherchiert habe, an (und mit) mir selbst ausprobiert. Das Buch war mein Weg, es war meine Erkenntnis, dass es wichtig ist, für mich einzustehen und dass ich es WERT bin, gut für mich zu sorgen!

DAS wünsche ich mir auch für Sie! JEDER ist es WERT, für sich zu sorgen, sich zu pflegen und sein Selbstvertrauen zu stärken. Auch das ist Selbstfürsorge. Wir dürfen gut zu UNS sein!

Ein Tipp, den mir eine Psychologin in Bezug auf solche Situationen gab, ist die Frage: „Ist mir diese Sache die Aufregung WERT?". Wenn man ein klares NEIN formuliert, dann weiß man, dass es Zeit ist, etwas zu verändern. Bei einem klaren JA weiß man immerhin, dass man noch nicht aus dieser Situation aussteigen kann!

> **Wer in der Lage ist, sich selbst zu lieben und zu akzeptieren, wird auch lernen, dass „viele Dinge" nicht entscheidend dafür sind, ob man ein erfülltes Leben führen wird oder nicht.**

In diesem Sinne alles Liebe und Gute, einen mutigen und erfüllenden Weg!

> **Ich bin es mir WERT!**

Herzlichst,
Heike Führ

Ich danke meiner treuen Leserschaft und kann immer wieder nur beteuern, dass es mir sehr viel bedeutet, dass meine Bücher von so vielen Menschen gelesen werden! ☺ Das ist wirklich der schönste Lohn. Ebenso DANKE an all meine Follower – Ihr bereichert mein Leben!

Danke an meinen Mann Peter! ☺ **Du weißt warum!!!!**

Danke an **Anja Dormann**, meine treue Freundin, Muse und Kritikerin – für Deine Unterstützung und Dein Da-Sein: Du bist unbezahlbar! ☺

Danke an meine **Kinder, Schwiegerkinder und Enkel** – Ihr gebt mir immer wieder die nötige Kraft! Ohne Euch wäre mein Leben weniger lebendig und schön!
Danke an meine mich so sehr **unterstützende Mama** und gesamte Familie! ☺

Danke an meine **Interviewpartner**, die dieses Buch enorm bereichert haben, da sie eine andere PERSPEKTIVE aufzeigen! Ich weiß Eure Mühe und Offenheit zu schätzen!

LINKS

https://www.multiple-arts.com
https://www.dmsg.de
http://www.gluecksdetektiv.de/hilfe-annehmen/
https://solittletime.de/hilfe-annehmen-lernen/
http://no-right-no-wrong.com/sich-abgrenzen-lernen/
http://www.pixabay.com

Meine chronische Erkrankung verschleißt mich!

Du siehst mich und bildest Dir vermutlich eine Meinung
von mir und von dem, was ich tue, arbeite
oder auch über meine Bereitschaf zu helfen ...

Aber da ich eine chronische Krankheit habe,
die meinen Körper ununterbrochen attackiert
und mich deshalb selten wirklich "FIT" fühle,
ist es manchmal sehr hart für mich,
die kleinste Motivation aufzubringen,
Irgendetwas zu tun.

Denn sogar die einfachsten Aufgaben
können mich völlig auslaugen
und tiefe Spuren hinterlassen.

Bitte versuche,
mich und meine besondere Situation
zu **verstehen**,
bevor Du über mich urteilst!

Was ist Multiple Sklerose?

Multiple Sklerose (Encephalomyelitis disseminata - ED) ist eine neurologische chronische Erkrankung des zentralen Nervensystems (ZNS). Sie tritt meist zwischen dem 20. und dem 40. Lebensjahr auf und betrifft mehr als zwei Drittel Frauen. Trotz intensiver Forschungen konnten bis heute weder die genaue Ursache, noch eine Heilungsmethode für diese Erkrankung gefunden werden.

Man nimmt an, dass Multiple Sklerose durch eine Autoimmunreaktion hervorgerufen wird: Entzündungsherde (Läsionen) in Gehirn oder Rückenmark beschädigen die Nervenhüllen, wodurch die Weiterleitung der Signale unterbrochen wird und es in Folge zu neurologischen Ausfällen kommen kann.

Die Stellen, an denen die Entzündungsherde im Gehirn und/oder Rückenmark sitzen, sind für die Art der Symptome maßgeblich und verursachen die Symptome und Beschwerden.

Sie sind bei jedem Patienten unterschiedlich, ebenso wie Zeitpunkt und Ausmaß der eventuellen Schübe. Sie sind niemals vorhersehbar.

Für die Betroffenen, aber auch für die Angehörigen, bedeutet die Krankheit und deren Unberechenbarkeit eine große Unsicherheit für die Zukunft und löst verständlicher Weise auch viele Ängste aus.

YouTube: „Was ist MS?"
https://www.youtube.com/edit?o=U&video_id=xo_2uIw5TEI

Mein YouTube-Kanal

„Heike Führ Bloggerin&Autorin"

https://www.youtube.com/channel/UCsP0vW_jE6w9j-urgmr6VOw

Viel Freude beim Anschauen!

Besondere Menschen sehen mehr in Dir,
als es andere tun!

Denn sie erkennen nicht nur die Trauer
hinter Deinem Lächeln,
oder die Liebe hinter Deinem Zorn -

sie verstehen nicht nur Deine Worte,
sondern auch Dein Schweigen
und vor allem betrachten sie Dich
als
GLEICHWERTIG!

by multiple-arts.com

Ein FREUND
ist jemand,
der Deinen desolaten
Gartenzaun
ÜBERSIEHT und
die BLÜHENDEN
Blumen in
DEINEM Garten
bewundert.

by MULTIPLE-ARTS.com

Helfende Institutionen

Hier habe ich ein paar wichtige allgemeine Stellen herausgesucht, wohin man sich im Notfall wenden kann:

- **Telefonseelsorge**: sie ist Tag und Nacht erreichbar: 0800 – 111 0 111

- **Adressen von Therapeuten mit psychoanalytischer Ausrichtung**: sie gibt es bei der Deutschen Gesellschaft für Psychoanalyse und Tiefenpsychologie (DGPT)

- **Adressen von Beratungsstellen** in Ihrer Nähe finden Sie bei der Deutschen Arbeitsgemeinschaft für Jugend- und Eheberatung (DAJEB)

- Für Menschen mit **MS** gibt es beispielsweise die Deutsche Multiple Sklerose Gesellschaft (DMSG)

Die Homepage der Autorin
zum Thema MS (Multiple Sklerose)

https://*www.multiple-arts.com*

Und auf Facebook: _MULTIPLE ARTS_

https://www.facebook.com/multiple.skle-
rose.ms/

Eine weitere Homepage der Autorin:
www.heikef.jimdo.com

Die Bücher der Autorin:

Bewältigung chronischer Krankheiten und Depressionen / Für Angehörige und Betroffene

Verlag: BoD
ISBN 9783739245331
228 (23 farbige) Seiten

BEWÄLTIGUNG einer chronischen Erkrankung, Bewältigung von Depressionen und der Umgang mit diesen: das ist das Thema des Buches. Die Autorin, selbst an MS erkrankt, nutzt ihre Erfahrung als erfolgreiche Bloggerin und den damit verbundenen vielfältigen Kontakten zu chronisch Kranken und bereichert das Buch mit fachlichen Informationen rund um Depressionen, über das Erschöpfungssyndrom (Fatigue), das auch bei vielen Krebspatienten auftritt und über chronische Krankheiten im Allgemeinen.

Sie zeigt Bewältigungsstrategien auf und untermauert diese mit wertvollen pädagogischen Erklärungen und vermittelt somit nicht nur Bewältigungsstrategien für schwer Erkrankte, sondern auch für das Leben an sich!

Ein besonderes Augenmerk liegt auf den Angehörigen chronisch Kranker – ihnen ist ein komplettes Kapitel gewidmet, denn die Erkrankung betrifft auch immer das soziale Umfeld des Betroffenen. Ein Ratgeber für den Weg zu einem erfüllten Leben, untermalt mit vielen farbigen Fotos und Sprüchen.

HALLO MS

MS: 2 Buchstaben, die eine vermeintlich geordnete Welt von heute auf morgen auf den Kopf stellen". So beschreibt Heike Führ den Tag ihrer Diagnosestellung. Wie sie ihren Alltag mit einer solch tückischen und bis lang noch unheilbaren Krankheit meistert, beschreibt sie vor allem mit viel Humor und reflektiert in einer gelungenen Mischung aus Problematisierung und Relativierung. Nie werden die Herausforderungen der Krankheit geleugnet und doch triumphiert immer ihr optimistischer Kampfgeist und zeigt eindrucksvoll und selbstkritisch ihren eigenen Weg der Lebensfreude. Die Autorin weigert sich zu resignieren und erzählt ihre kleinen Alltagsfreuden, gespickt mit den Unwägbarkeiten, die durch ihre MS-Symptome unweigerlich dabei sind. "Hallo MS": nicht mehr, nicht weniger. Ein Buch, das Mut macht und Hoffnung weckt, das Anteilnahme authentisch vermittelt, Hilfestellung für den Alltag gibt und sowohl Betroffenen, als auch Angehörigen einen Einblick in die emotionale Verfassung eines chronisch kranken Menschen bietet, Ängste und Sorgen aufzeigt, aber dabei immer nach vorne schaut und niemals vor Selbstmitleid trieft. Kurzweilig und sehr alltagsnah - somit für Jedermann interessant.

Intimität ist mehr als Sex –
Wenn SEX zur Nervensache wird…

Kaum ein Gebiet ist so intim, Scham – und Angstbesetzt, wie die eigene und die Paar-Sexualität. Und kaum etwas anderes in einer Beziehung macht uns so verletzlich. Dabei ist Sexualität eine wundervolle Möglichkeit, Nähe zum geliebten Partner herzustellen und zu halten, oder in schwierigen Lebensphasen nicht den „Kontakt" zueinander zu verlieren. Aber besonders wenn ein Paar mit der Diagnose einer chronischen Erkrankung, wie z. B. MS, konfrontiert wird, versteht man, wie wichtig es ist, sich gegenseitig zu begreifen. Hier hilft die Autorin mit Ratschlägen, die sie auf Grund vieler Recherchen und Interviews mit an „Multipler Sklerose" - Erkrankten führte. Aber auch für Singles hält die Autorin Vorschläge bereit! Alltagsnah und somit sowohl für „Gesunde" als auch für chronisch Kranke, ist dieses Buch ein Begleiter in Sachen

Sexualität. Behutsam wird der Fokus auf das gegenseitige Verstehen und Vertrauen gelenkt und zeigt Gesprächs-Formen auf. Ein kurzweiliger und lebensnaher kleiner Ratgeber, der in keinem Haushalt fehlen sollte. Taschenbuch: 68 Seiten - Verlag: Books on Demand; Auflage: 1 (24. September 2014) - ISBN-10: 3735793991

Die Reise zum Glück – Der Weg ist das Ziel

Ein Buch für alle Sinne – zum Anschauen und Genießen, zum Verstehen und Lernen.

Der Weg zum Glück –nicht als Wettbewerb, sondern mit Freude und Achtung der eigenen Persönlichkeit.

Dass Glücksempfinden auch mit einer chronischen Erkrankung möglich ist, zeigt Autorin Heike Führ noch zusätzlich mit liebevoll gestalteten Bildern, Zitaten, Texten und vielen wissenschaftlichen Recherchen auf.

Ein Buch für Gesunde ebenso wie für Gehandicapte – Entspannung pur, viele Anregungen und Tipps.

„Der Weg ist das Ziel" könnte das Motto des Buches sein – geht es eigentlich nur um das wahrnehmen der kleinen großen Dinge im Leben.

Buchdaten:
„Die Reise zum Glück"
204 Seiten (z. Teil farbig) / Verlag: BoD
ISBN: 9-783739-200897
12,99€

Hoffnung - vom Pessimisten zum Optimisten

Das Buch ist eine Fortsetzung des Buches „Die Reise zum Glück", ist aber ebenso getrennt davon lesbar. Es zeigt Wege auf, wie man zu sich selbst findet, sein Selbstbewusstsein stärkt und somit offen für das HOFFEN wird. Die Autorin setzt sich auf vielen Ebenen mit dem Thema Hoffnung auseinander und so ist ein Werk zum Lernen, Genießen und Anschauen entstanden, gewürzt mit vielen fachlichen Infos. Ein Buch für alle Sinne, optimistisch und zukunftsorientiert. Es ist für Gesunde ebenso wie für Gehandicapte geeignet. Entspannung und Bewusstwerden - Das ist das Ziel des Buches. Dafür sorgen Zitate, Energiebilder, eigene Texte und viele Impressionen.
148 Seiten
ISBN 978-3-7431-0181-4

UNSICHTBARE Symptome

Nach dem erfolgreichen Erstlingswerk „Hallo MS" und dem kleinen Ratgeber „SEXUALITÄT/Tipps bei chronischen Erkrankungen", nimmt sich die Autorin diesmal den „UNSICHTBAREN SYMPTO-MEN" der MS (Multiple Sklerose) an. Sätze wie „Du siehst gar nicht krank aus!", oder gut gemeinte Ratschläge, wie „Du musst Dich nur mal ordentlich ausschlafen", kann kein ernsthaft Erkrankter mehr hören. Heike Führ erklärt anschaulich die unsichtbaren Symptome der MS. Ihre Texte sind voller Emotionen, Optimismus, Lebensmut und auch Sarkasmus geschrieben. Sie beschreiben sowohl Betroffenen, als auch Angehörigen in aller Deutlichkeit, warum nicht sichtbare Symptome ebenfalls ein ernstzunehmendes Problem darstellen. Außerdem zeigt sie auf, wie kränkend es für Betroffene ist, wenn man diese Symptome nicht wahrnimmt und ihnen vor allem keinen Glauben schenkt. Nicht nur für MS`ler und Außenstehende, auch für viele andere chronisch Kranke ist dieses Buch Balsam auf der Seele.

Taschenbuch: 84 Seiten - Verlag: Books on Demand; Auflage: 1 (22. Januar 2015) - ISBN-10: 3734755646

Alltags-Tipps bei MS / Praktische Hilfen

„Alltags-Tipps in vielerlei Hinsicht – das ist die Intention des Buches. Je nach Verlauf und je nach Ausprägung der „tausend Gesichter" der MS wird sich auch der jeweilige Alltag gestalten. Die routinierte Autorin gibt praktische Tipps zu Hilfsmitteln oder Alltags-Situationen ebenso, wie sie mit fachlichen Infos zur Seite steht. Ein Buch zum Lernen und auch Zurücklehnen, zum Schmunzeln und sehr hilfreich mit all den vielfältigen Anregungen. Für MS`ler ist es ebenso geeignet, wie auch für andere körperlich Behinderte.

Lebensnahe auf die Praxis bezogene Tipps bilden den Hauptteil. Sie rundet all dies mit ihren authentischen Texten rund um Behinderungen, wie beispielsweise Multiple Sklerose, ab und hilft damit sowohl Betroffenen, als auch Angehörigen enorm."

Buchdaten:
Autorin: Heike Führ
„Alltags-Tipps bei Multiple Sklerose"
Verlag: BoD, 128 Seiten
ISBN: 9783739224664
Euro: 7,99.-

Fachbegriffe bei MS:

Dieses Büchlein ist ein Wegweiser durch den Dschungel der medizinischen Fachbegriffe und vor allem durch das Chaos der komplizierten Ausdrücke rund um Multiple Sklerose (MS). Aber auch viele andere chronisch Kranke werden hier ein sehr hilfreiches Nachschlagewerk finden.

Manchmal ist es einfacher, schneller und unkomplizierter, ein kompaktes Büchlein in der Hand zu halten, als sich durch viele verschiedene Bücher oder das Internet zu kämpfen. Deshalb ist das Buch einfach nur als Nachschlagewerk gedacht und befasst sich mit den gängigsten Begriffen rund um die MS. Von medizinischen Wörtern über psychologische Fachbegriffe und sonstige Therapien. Am Ende ließ es sich die Autorin nicht nehmen, noch einmal ein paar eigene Texte hinzu zu fügen. Diese passen perfekt zu ihrem 1. MS-Buch "Hallo MS", das ebenfalls im Rosengarten-Verlag erschienen ist. Außerdem passt dieses Lexikon der Fachbegriffe zu jedem anderen MS-Buch und ergänzt sie um ein Vielfaches.

Taschenbuch: 88 Seiten - Verlag: A.S. Rosengarten-Verlag; Auflage: 1. (3. April 2015) - ISBN-10: 3945015162

Smiley erklärt Kindern MS

Dieses anrührende Kinderbuch beschreibt an Hand von dem süßen Mischlingshund Smiley und seinen beiden Freunden Fine und Balou anschaulich und sehr kindgerecht, was Multiple Sklerose (MS) ist. Smiley erklärt äußerst behutsam auf der Ebene des Kindes, wie sich MS äußern kann und wie es einem betroffenen Elternteil oder anderen betroffenen Angehörigen und Freunden mit MS gehen kann. Mit schönen authentischen Fotos und lustigen Geschichten aus seinem Hundeleben verknüpft er diese Botschaft so zartfühlend und hinreißend, dass Kinder bei der Begeisterung über den Hund Smiley und seine Freunde die Dramatik einer chronischen Erkrankung zwar begreifen, sie aber niemals als bedrohlich erleben. Die Autorin hat sich ihre jahrzehntelange Berufserfahrung als Erzieherin mit vielen pädagogischen und psychologischen Weiterbildungen zu Nutze gemacht und empathisch ein Kinderbuch, das auch gleichzeitig ein Ratgeber ist, geschrieben. Ein Buch, das man auch Erwachsenen zum besseren Verständnis der MS in die Hand drücken kann.

**Der komplette Erlös geht an
den Tierschutzverein Santorini e.V.**

Taschenbuch: 48 Seiten - Verlag: Books on Demand; Auflage: 1 (24. Februar 2015) - ISBN-10: 373476730X

Wieso ist meine Mama immer so müde?
Smiley bellt HALLO MS und Fatigue

Dieses Buch ist die perfekte Ergänzung zum Buch "Smiley bellt Hallo MS!".

Smiley erklärt auf der Ebene des Kindes sehr kindgerecht das Symptom "FATIGUE" - die große Müdigkeit bei MS - und beantwortet außerdem noch detailliert viele FRAGEN rund um die MS!

Farbige Fotos, Zeichnungen und Erklärungen runden das Buch ab und wer sich in Smiley, den süßen Mischlingshund, nicht schon im ersten Buch verliebt hat, wird es spätestens nun nicht mehr schaffen, seinem Charme zu widerstehen. Ein Buch, das nicht nur für Kinder geeignet ist, denn es erklärt so unkompliziert MS und FATIGUE, dass es für Jedermann interessant und informativ ist.

ISBN-10: 3743111608

EURO: 5,99.-

Fragen & Antworten rund um die MS: Multiple Sklerose einfach erklärt

Die routinierte und erfahrene MS-Bloggerin und Autorin Heike Führ kennt aus unzähligen Gesprächen mit Betroffenen und deren Angehörigen die häufigsten Fragen, die sich zu Beginn einer MS-Diagnose oder im Laufe der Erkrankung auftun.

Und nicht nur Neuerkrankte fühlen sich unsicher - sogar „alte MS-Hasen" stehen immer wieder einmal vor Fragen und können sich ihre Symptome nicht erklären. MS ist die „Krankheit der 1000 Gesichter" und deshalb kann man, selbst wenn man jahrzehntelang MS hat, plötzlich einem neuen Symptom gegenüberstehen oder durch andere Umstände verunsichert sein.

Dieses Buch hilft im Alltag mit MS, beleuchtet alle wichtigen Sachverhalte rund um die MS und bereichert mit Grafiken und den gewohnt humorvollen, deutlichen und sehr authentischen Texten der Autorin, die selbst seit 1994 an MS erkrankt ist.

Was Sie schon immer über MS wissen wollten? Hier finden Sie es!

ISBN-10: 3744883477
EURO: 9,99.-

FATIGUE und *UHTHOFF-PHÄNOMEN*

MS (Multiple Sklerose) ist die Krankheit mit den 1000 Gesichtern. Autorin Heike Führ hat bereits 5 MS-Begleitbücher geschrieben und widmet sich hier jenen zwei UNSICHTBAREN Symptomen der MS, die sie aus eigener Erfahrung sehr gut kennt. Denn gerade die unsichtbaren Symptome schränken das Leben eines MS`lers ein, da sie man ihnen oft nicht glaubt. Die Fatigue und das Uhthoff-Phänomen belasten den MS- Alltag teilweise so allumgreifend und zerstörerisch, dass viele Betroffene bereits früh die Erwerbsminderungsrente erhalten und ihr Leben nach diesen beiden Symptomen ausrichten müssen. Mit wichtigen fachlichen Infos und ihren Geschichten beschreibt die Autorin diese beiden Symptome – einmal sachlich, dann wieder emotional und humorvoll. MS`ler werden sich in den Texten wiederfinden und Angehörige können endlich diese schrecklichen Symptome verstehen.

Bei Bestellung über (www.lesend-helfen.de) gehen 30% des Kaufpreises an die DMSG/ BAER (Kinder mit juveniler MS)

Taschenbuch 99 Seiten - Verlag: Esch-Verlag - ISBN: 978-3-95555-067-7

JUVENILE MS / Kinder mit MS
ISBN: 9 783739 228792

SMILEY – der kleine Frechdachs mag nicht duschen
108 z.T. farbige Seiten
ISBN 978-3-7392-4325-2

„Der Tanz durchs Leben"
284 zum Teil farbige Seiten
Verlag: BoD
ISBN 9783842350564

FREUNDSCHAFT
164 Seiten
ISBN 978-3-7412-3810-9

GEDÄCHTNIS-Störungen / Kognitive Leistungsstörungen bei MS
152 Seiten
ISBN 978-3-8482-2160-8

LOW CARB für UNTERWEGS
84 Seiten, ISBN 978-3-7386-1713-9

LOW CARB VEGETARISCH & schnell
92 Seiten, ISBN 978-3-7412-7127-4

LOW CARB Kuchen, Gebäck, Pralinen & Torten: Süßes: lecker und einfach!
84 Seiten, ISBN-10: 3743190575

Viele weitere Bücher gibt's auf www.multiple-arts.com/shop